朱子の肖像　『朱熹牌冊』にみる肖像。故宮博物院蔵。アフロ提供

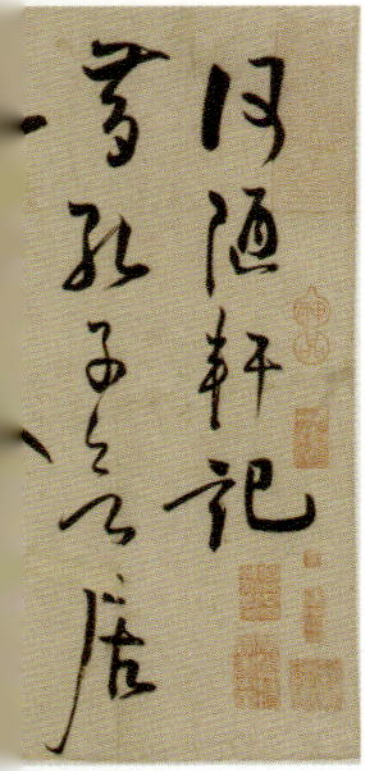

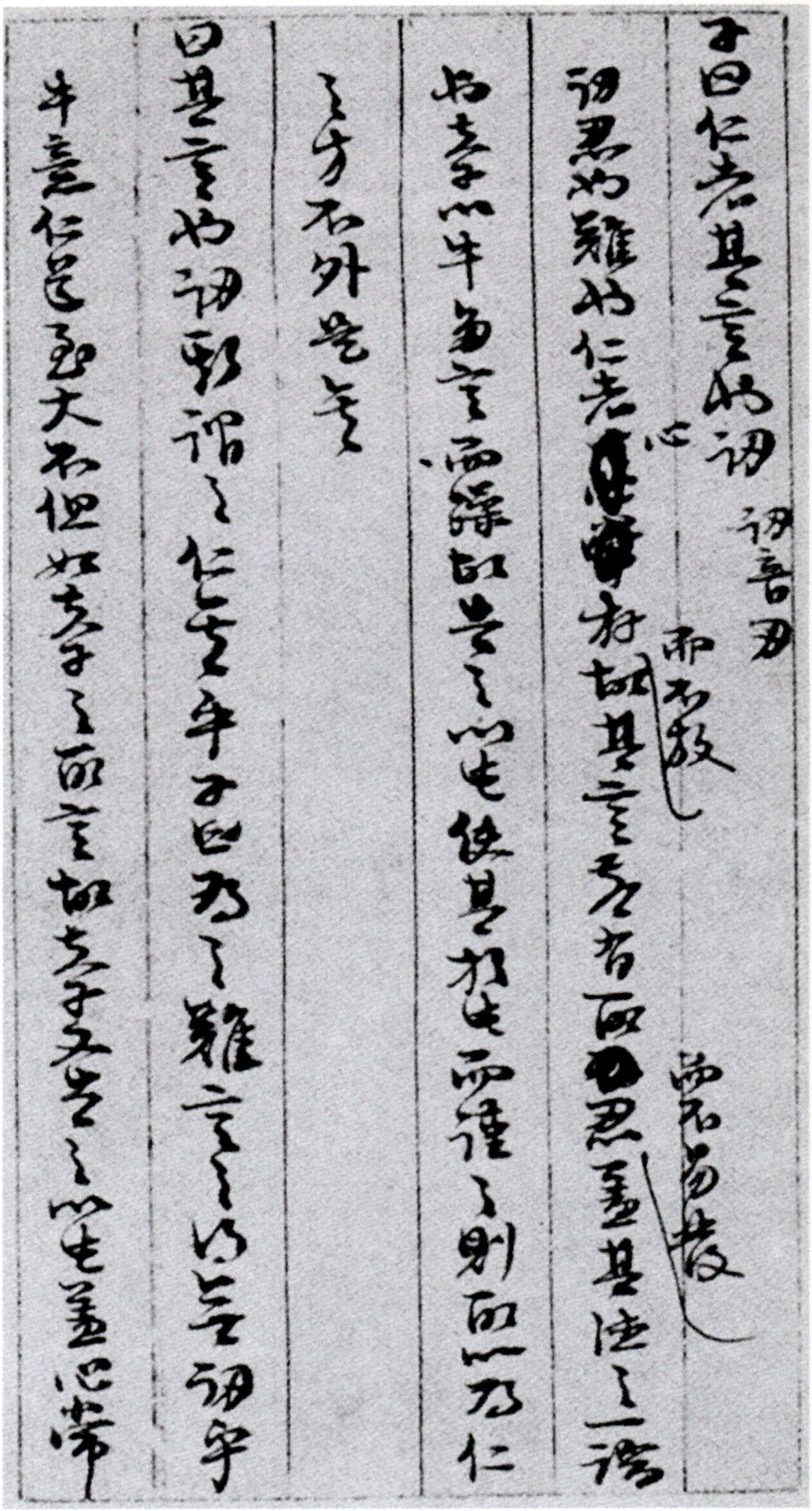

朱子の『論語集註』草稿
京都国立博物館蔵。ユニフォトプレス提供

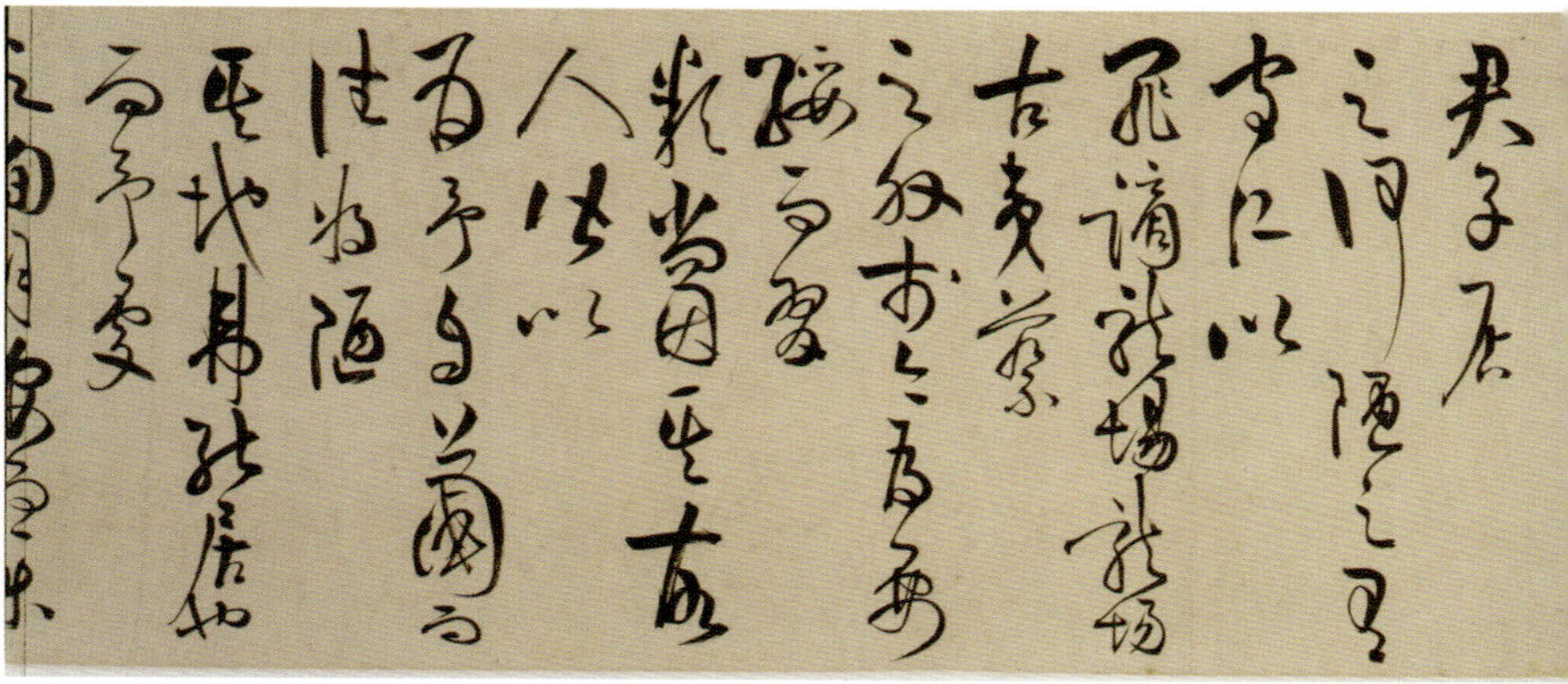

王陽明の書『王守仁　草書何陋軒記巻』 東京国立博物館蔵。Image: TNM Image Archives

王陽明の肖像　不羈奔放な気概にあふれている。ユニフォトプレス提供

「薬山李翺《りこう》問答図」 韓愈《かんゆ》の弟子李翺が禅僧薬山に仏法を問うところ。
宋の馬公顕筆。南禅寺蔵。アフロ提供

新・人と歴史 拡大版 24

朱子と王陽明

新儒学と大学の理念

間野 潜龍 著

SHIMIZUSHOIN

本書は「人と歴史」シリーズ（編集委員　小葉田淳、沼田次郎、井上智勇、堀米庸三、田村実造、護雅夫）の『朱子と王陽明』として一九七四年に、「清水新書」の『朱子と王陽明　新儒学と大学の理念』として一九八四年に刊行したものに表記や仮名遣い等一部を改めて復刊したものです。

はしがき

ある春宵の一刻、私は同じ大学に勤務する先輩にともなわれて、大学の西方に横たわる小山の一角にのぼった。小さいながらも北陸富山を二分する丘陵であり、眼下に富山湾の青い海原がひろがり、はるか彼方に、日本海の水平線が天と地の一線を劃《かく》し、それをさえぎるが如く左方から能登半島が突出している。かつて上杉謙信は能登を征して七尾城を囲み、秋月を仰いで「越山あわせ得たり、能州の景」と詠じたが、私もおぼろ月をいただいて、越中から能登を併せ見る感を抱いた。ところが興高まった時、明治生まれのその先輩は、にわかに朗々と漢詩の一節を吟じ出した。「謂《い》うこと勿《な》かれ、今日学ばずとも、而《しか》も来日有りと。謂うこと勿かれ、今年学ばずとも、而も来年有りと。日月逝《ゆ》きぬ。歳、我と延《の》びず。嗚呼《ああ》老いぬ。是れ誰の愆《あやまち》ぞや」と。すなわち朱熹《しゅき》の有名な勧学文である。この一文を幼ない時に教えられたといって、眼を細めて吟じているその姿に、私は日本における朱子学の伝統がなお生きていることを強く感じたのである。

ところで近頃世間では陽明学への関心も高まってきたという。毎日事務的な仕事にたずさわっているという五〇年輩の人が、「この頃は陽明学の本を買っていますが、勉強になりますね」というのである。そういえば陽明学に関する著作や、朱子学を論ずる書物は数かぎりなくある。また中国思想史の上から論ぜられた名著も少なくない。

そのような中で、あえて「朱子と王陽明」を表題としたが、もともと中国史の一端を究明しようとしている私は、もとより朱子学や陽明学を正面から取り組み、ここで高邁《こうまい》な儒教哲学を論じようとするものでない。ただ平素から朱熹や王陽明に関心を持つものとして、中国史の流れの中に彼らを位置づけて、その人間としての生き方を追求し、その時代の社会に生きる朱熹や王陽明を描き出してみようと考えたのである。したがって彼らを呼んで、朱子・陽明という親しみやすい表現を用いることにしたのもその所以《ゆえん》である。であるから朱子や陽明に関するすべての文献を渉猟《しょうりょう》して、特に新奇な説を立てたり、旧来の説に異をたてたりするつもりは毛頭ないが、本書では唐代中期以後から宋・元・明へと移る数百年の歴史の流れを背景として、朱子から陽明へと移っていく新儒学の動向を巨視的にたどってみたいと思う。その際、時には従来の意見と異なった見方も出てくるかも知れないし、また一方的と評される見解もあるかも知れない。そのような点については、多くの方方の忌憚《きたん》なき御批判を賜わって、今後の研鑽《けんさん》の資としたいと思うのである。

なお本文中の四書・五経に関しては煩雑になるため書名を表わす『』を省略した。

目次

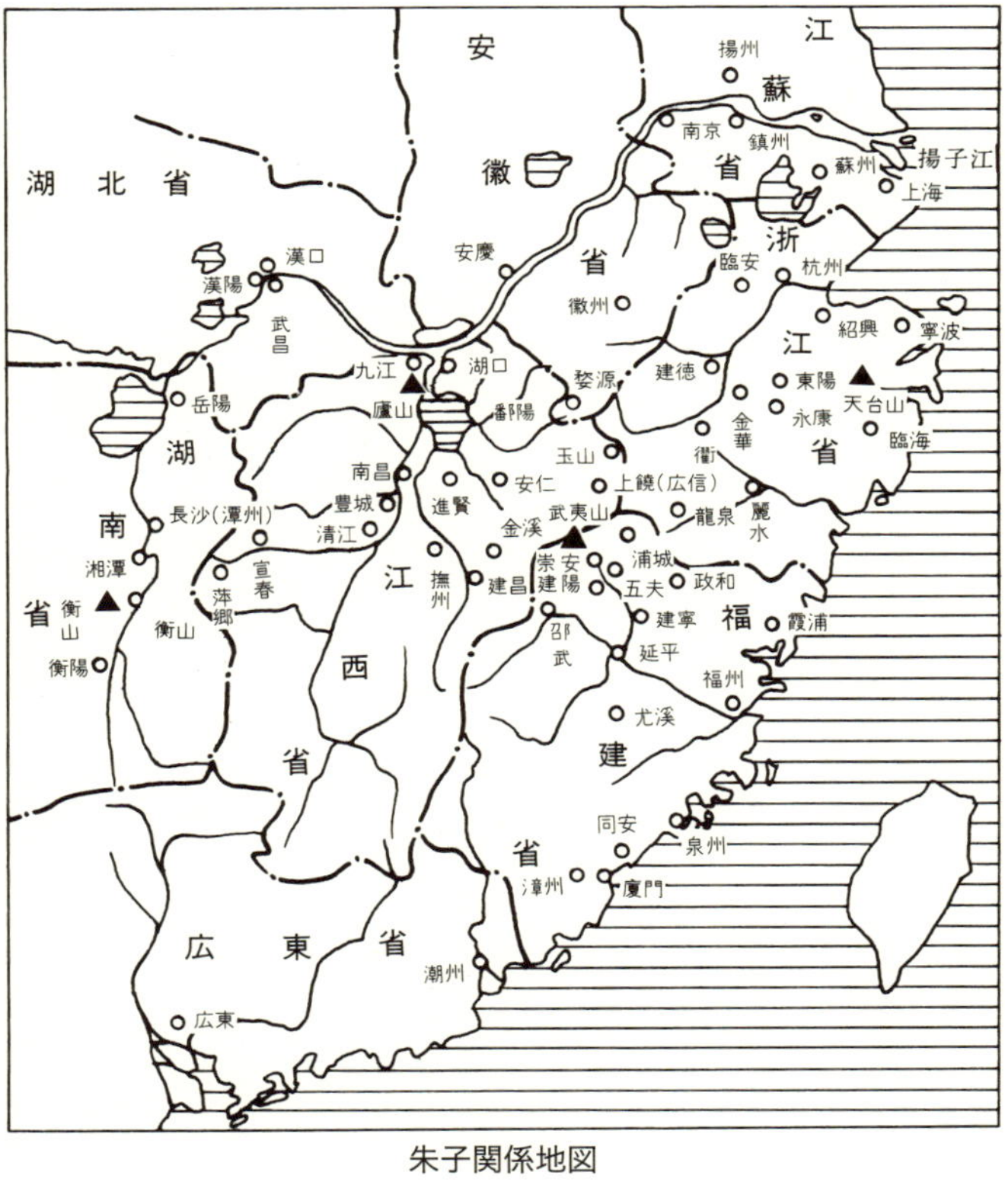

安
徽
省
江
蘇
省
湖北省
揚州
南京
鎮州
蘇州
揚子江
上海
浙
江
省
臨安
杭州
安慶
漢口
漢陽
武昌
徽州
紹興
寧波
九江
湖口
婺源
建徳
岳陽
廬山
鄱陽
東陽
天台山
金華
永康
臨海
衢
湖
南
省
玉山
南昌
安仁
上饒（広信）
豊城
進賢
龍泉
麗水
長沙（潭州）
清江
金溪
武夷山
湘潭
宣春
萍郷
江
西
省
撫州
建昌
崇安
建陽
浦城
五夫
政和
衡山
衡山
建寧
福
霞浦
邵武
延平
衡陽
福州
尤溪
建
省
同安
泉州
漳州
廈門
広東省
潮州
広東

朱子関係地図

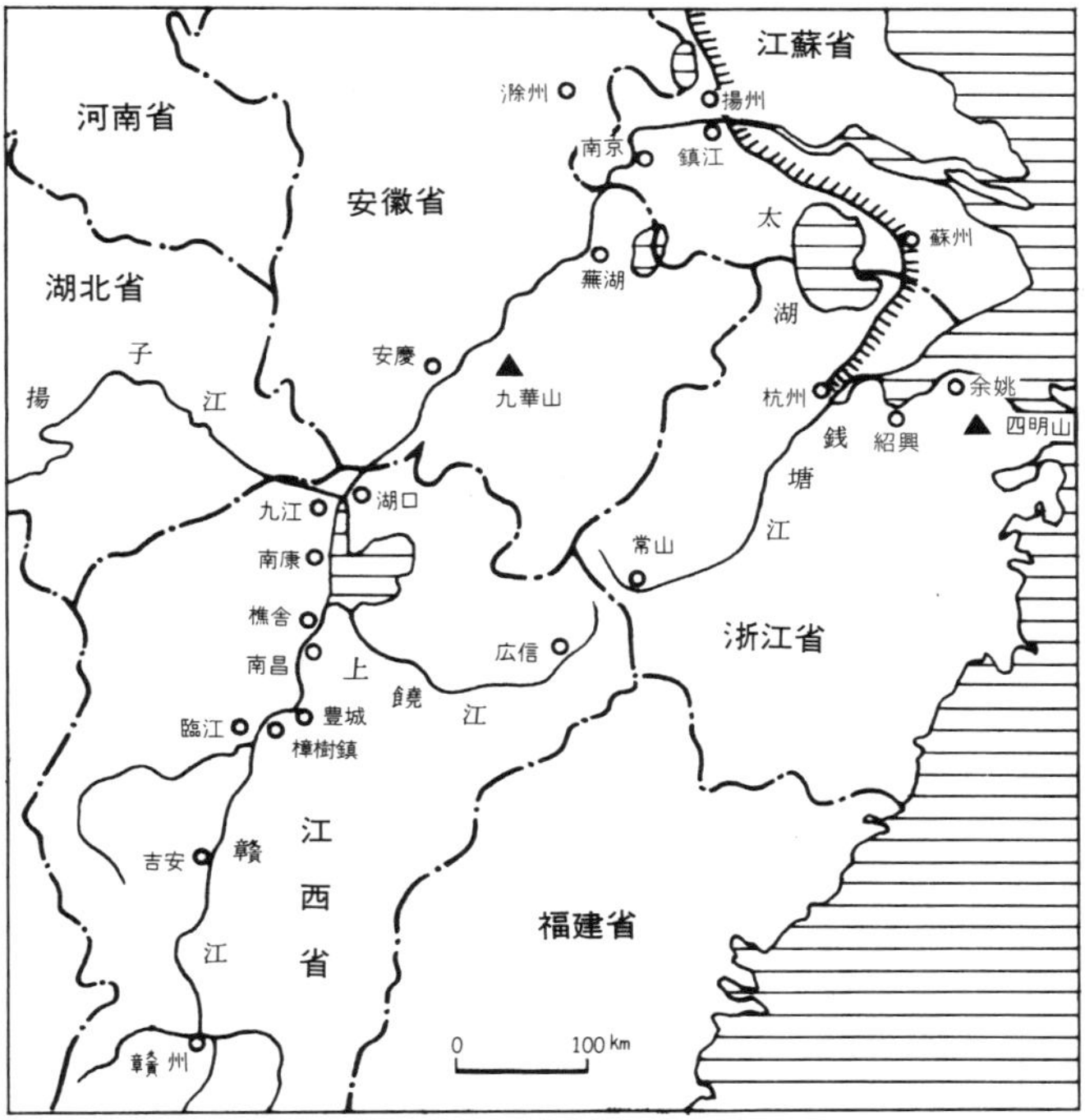
江蘇省
滁州
揚州
河南省
南京
鎮江
安徽省
太
蘇州
湖北省
蕪湖
湖
子
安慶
九華山
揚
江
杭州
余姚
銭
紹興
四明山
塘
九江
湖口
江
南康
常山
樵舎
浙江省
南昌
上
広信
饒
豊城
江
臨江
樟樹鎮
江
吉安
贛
西
江
省
福建省
0
100 km
贛州

王陽明関係地図

I

新儒学の形成

唐宋の変革

❖プロローグ

今から五〇年前、すなわち大正一一年（一九二二）に、内藤湖南《ないとうこなん》博士は「概括的唐宋時代観」という論考を発表されたが、その中で博士は中国の唐宋の間に、政治・社会・経済・文化などの変革が顕著であったことを指摘され、これを中世から近世への変革であると措定《そてい》された。その後、この説は宮崎市定博士らによってさらに補強発展せられ、いわゆる内藤史学と称せられるものの根幹となったのである。一方この時期を、古代と中世との変革と規定する説も行われ、中国史の時代区分に関する論議は、今日もなお続けられていて、とどまる所を知らないようである。

今ここでその論議を詳しく紹介する遑《いとま》もないが、対立する両者の意見に共通した基本的見解といえば、この唐から宋への間に、時代の変革があったということを認める点であろう。それでは、その変革の時期は一体いつなのか、具体的に中国史の上に年代で示すということになると、また一苦労である。そこで唐と宋とにはさまれた五代という時期をクッションとして、その前の唐とその後の宋とに相異なる事柄を抽出し、時代の変革を説明することが最も図式化された方法であるように思われるが、それだけではどうも納得できないことも出てくる。しかし先の代表的な二説をみると、一方は九世紀前後に中国の古代は終わったと説明し、他方では中国の中世は唐の中ごろまでで、唐末から五代までを過渡期とみなし、宋代以後を近世と説明されるのである。とすれば九世紀ということは唐朝滅亡以前にあたるから、両者の意見をつき合わせると、要するに唐代後半にはいって徐々に変革への動きが見られたことになる。

なるほど考えてみれば、時代の変革というものは、除夜の鐘が鳴り終わったから、ここで新しい年が来たのだというようなわけにはいかないものである。個々の現象の現われ方にも、早いものもあり、おそいものもある。また一、二世紀も前から萌芽《ほうが》の現われていることもあれば、かなりの期間をへて、ようやくその変革が認識されるものでもある。

さて朱子によって大成された朱子学なるものを考えてみると、まさに宋代という新しい時代の中から生み出されてきた新儒学であるが、それは朱子以前から長期にわたって形成されてきたもので、北宋の周敦頤《しゅうとんい》から張載《ちょうさい》・程顥《ていこう》・程頤《ていい》をへて、南宋の朱子に至る思考の過程は、まことに宋代三百年をかけて醸成された儒学と考える方がふさわしいかも知れない。しかもその宋学の伝承をさかのぼれば、さらに唐代の有名な文人韓愈《かんゆ》やその弟子李翺《りこう》につながっているのである。こうして儒学の変革のみならず、一般に唐宋の変革を考えてみようとするならば、唐代中ごろまでさかのぼってみなければならないが、その唐代中ごろの最大事件といえば、何といっても安史の乱であろう。すなわち私は唐宋の変革の大きな契機は、この安史の乱であろうと思うので、まず叙述のプロローグを安史の乱におくことにしたのである。

❖安史の乱

天宝一四載《さい》（七五五）一一月九日、「禄山《ろくざん》、所部の兵及び同羅《どうら》・奚《けい》・契丹《きったん》・室韋《しつい》、凡《およ》そ一五万の衆を発し、二〇万と号して范陽《はんよう》に反す」。これは宋代の司馬光《しばこう》が、畢生《ひっせい》の名著『資治通鑑』の中で書いている安史の乱勃発のくだりである。司馬光の筆は続く。「禄山、鉄轝《てつよ》（輿）に乗り、歩騎精鋭、煙塵《えんじん》千里、鼓譟《こそう》して地を震わす。時に海内久しく承平にして、百姓は累世兵革を識らず。にわかに范陽の兵起こるを聞き、遠近震駭《しんがい》す」と。

こうして始まった安史の乱は、中国全土を戦乱におとし入れた。破竹の勢いで洛陽を目ざして攻め進んだ安禄山の軍は、わずか一か月余で意気揚々と洛陽の四門から城内になだれ込んでいた。しかし官軍も手を拱《こま》ねいて見ていたわけではない。後世に書家として名を知られる平原の太守顔真卿《がんしんけい》は、敢然として禄山に立ち向かった。また朔方節度使郭子儀《かくしぎ》は、部将の契丹人李《り》光弼《こうひつ》とともに、安禄山軍の抑える井陘《せいけい》を奪取して、禄山軍に大きな打撃を与えた。けれども天宝一五載六月八日、長安の東の関門、潼関《どうかん》が賊軍の手に陥ると、長安にあった唐の朝廷はあわてふためき、一三日未明、玄宗《げんそう》は楊貴妃《ようきひ》らとともに、わずかな兵に守られて蜀へと蒙塵《もうじん》していった。そして翌一四日、馬嵬《ばかい》駅で玄宗が楊貴妃との涙の別れを告げた話は、白楽天の長恨歌でよく知られるところである。

安禄山の得意の状は、そんなに長くは続かなかった。彼は至徳二載（七五七）正月、次男の安慶緒《あんけいちょ》の手にかかって、あえない最期をとげた。しかもその安慶緒も同じ賊軍の史思明《ししめい》に殺され、史思明は乾元三年（七六〇）洛陽を占拠すると、安禄山と同じく自ら大燕《だいえん》皇帝を名のったが、一年余ののち、長男の史朝義《しちょうぎ》に殺された。こうして賊軍の中心人物は、まるで因果の輪をめぐるが如く変転した末、その史朝義も宝応二年（七六三）正月、官軍に寝がえった部将の范陽節度使李懐仙《りかいせん》に首を打たれて、七年有余にわたる大乱もようやく終末を迎えたのである。

❖均田法と租庸調

安史の乱は、唐朝約三百年の歴史のうち、わずか七年有余の出来事であり、乱そのものを、それほど高く評価するにあたらないという見方もある。しかし皇帝が首都を放棄し、広範囲にわたる地域が戦乱にまき込まれた未曽有《みぞう》の大乱であり、この乱を契機として、政治・社会・経済・文化など、あらゆる面での変革が見られたということからすれば、安史の乱を軽視してはならないだろう。また、すでに反乱以前から徐々に進行しつつあった諸現象も、この乱によって一層拍車をかけられ、唐末から五代・宋への変革をもたらしたものである。したがって一般に、この乱以後、五代の分裂期をへて宋の建設に至る時期を、中国史の発展の上で、重要な変革期と規定しているのである。

この変革の一つに唐朝を支えてきた均田法と租庸調制の崩壊がある。均田法とは北魏の孝文帝が、太和九年（四八五）に実施した土地政策で、北魏ではその国力を安定させ、戦乱で荒廃した農業生産を復興せしめ、流民の地着をはかって、施行したもので、その後は西魏・東魏・北斉・北周をへて隋に継承された。唐でも初代高祖の時に隋制を踏襲し、さらに武徳七年（六二四）に唐の新令が発布されて、唐代均田法の体制ができ上がった。またこれらの均田法と相応じて租庸調制が施行されてきたのであり、我が国の班田収授の法は、唐の均田法を模範として施行されたのである。ところが玄宗の開元ごろから均田法や租庸調制の施行があやしくなってきた。宋の有名な学者欧陽脩《おうようしゅう》らが、仁宗の詔《みことのり》によって編纂した『新唐書』には、つぎのようにいう。

租庸調の法は、人丁《じんてい》をもって本としている。開元より以後、天下の戸籍は久しく更造せず、丁口は転死し、田畝は売りかわり、貧富の升降《しょうこう》は実でない。その後国家の侈費は節することなく、大盗が起こった。戦争がおこると、財用は益々窮屈で、租庸調の法は弊壊してしまった。

と。ここにいう大盗とは、まさに安禄山・史思明をさすのである。

均田法の基本は正しい版籍を造り土地を支給することであるが、その戸籍が実態に即して造りかえられないから、丁口が変動し、田畝が勝手に売り払われ、貧富の懸隔《けんかく》が甚しくなっても、その実情がつかめない。したがって租庸調も正確に実行されなくなる。開元九年（七二一）宇《う》文融《ぶんゆう》が人口移動を調査して、幽霊人口をつかもうとしたが、結局失敗に終わり、安史の乱後は財政の窮乏も著しく、租庸調も行われ難くなった結果、唐は塩・茶・酒などの専売、あるいは地税、戸税から、地頭銭・青苗銭など種々の徴税を加えていった。こうして均田法がゆきづまり、租税体系が全く混乱してくると、唐朝はもはや実のない戸口に税を課しても意味がないというので、ついに現住者主義をとって畝を履《ほ》み《ふ》、資産に課する新しい課税の法、すなわち両税法が実施されることになったわけである。

❖両税法の施行

もともと租庸調の基盤である均田法では、すべての良民を均《ひと》しく解し、一人前の男、すなわち丁男は、いづれも同一能力を持つ人間であると見て、均等に田畝を分給することを建て前とする。したがってそこには個人としての能力差を考慮に入れないことが前提にある。しかし唐朝の勢力が衰退し、また均田制が完全には実施されなくなり、戸籍も更新されないとなると、その間隙《かんげき》を縫って、姦悪な人間はたくみに僥利《ぎょうり》をたくましくし、土地の兼併を計る者がいよいよ激しくなってくる。そこで土地を失った者は、流民となって流浪の生活にはいったり、奴隷の如く我が身を売ったりする。唐中期の政治家杜佑《とゆう》は、彼の著『通典《つてん》』の中で、「人は鳥獣の如く、飛走して制することができず、家はしたがって乏しく、国はこの故に貧しくなった」といっているが、人が東に西に流亡して止めることができないとすれば、その課税は残った者に割り当てられる。そこで「富人で丁の多い者は、役人・学者・出家者となってその割り当てを免れ、貧人は逃げる所がないので、結局税役を負担しなければならぬ。そこで天下は残瘁《ざんすい》し、蕩々《とうとう》として浮人となり、郷居里著《きょうきょりちゃく》するものは、百分の四か五もいなくなった」(『新唐書楊炎伝』)というのである。

ここにおいて徳宗の時に、宰相楊炎《ようえん》は現実に即して、新しい徴税政策を施行した。これが両税法である。先に引用した『新唐書楊炎伝』には、続けていう。「楊炎はその弊害をにくみ、天子に請うて両税法をつくり、その制を一本にした」と。その方法とは、「凡そ百役の費や一銭の徴収にも、まずその数をはかって人に割り当て、出ずるを計って入るを制し、戸には主客の別を設けず、現住所をもって戸籍簿をつくり、人に丁男や中男の区別をつけず、貧富をもって差をつけた。また一か所に居住せず、行商の者には、在所の州県が三〇分の一を課税した。

取る所と居る者をはかって同一にし、僥利の者をなからしめ、居人の税は夏秋の二度に徴収した」のである。

両税法に見られる原則は、租庸調のようにはじめから定額を割り当てるのと違って、必要の数を計って徴収量を割り出すものであり、多く所有するものが多く税を出し、所有する資産に対して課税する方法である。これは明らかに個人の能力差による資産の多寡《たか》を前提としている。その資産の第一は土地であるから、自由に手腕を振って土地所有の拡大をはかり、また行商などによって資産の増大につとめることが当然肯定されたものといわねばならない。したがって内藤湖南博士が、両税法の意義を「田地の現在所有者、人民の現在居住者を基礎として課税するので、両税法は所有の自由、居住の自由を認めたもの」(『支那近世史』)とされたのは、注目すべき発言であった。両税法の施行の直接の目的は、唐朝の財政収入の確保であったことはもちろんであるが、そのために社会の現実を肯定し、個人の私有、換言すれば土地兼併までも公的に認めた体制に転ぜなければならなかったことは、すでに社会生活が唐朝前期から漸次《ぜんじ》新しい方向に転換していることを示すものであり、そのような転換、変革はただ徴税の法にかぎらず、その他あらゆる面でも見られるのである。

❖節度使の出現

唐の節度使《せつどし》という存在も時代の変革を示す顕著な現象であった。北朝以来、均田法や租庸調制に対応して実施されてきた兵制は、いわゆる府兵制と称する制度である。唐では全国に六三〇余の折衝府《せっしょうふ》を設け、中央政府の兵部がこれを統轄した。府には多い所で一二〇〇、少ない所で八〇〇という定員があり、三年に一回その府の管内の丁男から徴兵し、兵器・装備・糧食などを自弁させ、軍馬の飼養を委託して、兵役に当たらせた。もっとも一般に平時は家にあって農耕に従い、冬の農閑期に教練を受けるのであるが、時には一～二か月間、上京して衛士の任に従い、皇帝や東宮の儀仗《ぎじょう》宿衛、皇族諸官庁の警備、国都防衛に当たるとともに、また国境の鎮戍《ちんじゅ》にも交代勤務したのである。

ところが均田法がゆきづまり、均田農民の減少、府兵の負担過重などによって、徴兵が困難となる一方、府兵の逃散《ちょうさん》も甚しくなってくると、この制の維持がやはり無理となる。そうして玄宗の時になると、府兵制は全く機能を停止してしまった。かわって始められたのが募兵制であるが、すでに国境地域では塞外《さいがい》民族の侵寇《しんこう》激化に対して、大軍の常駐を必要とし、睿宗《えいそう》の時にまず辺境の傭兵軍団の第一号として、涼州に河西節度使を設けたのに始まって、玄宗時代におおむね一〇節度使が出現したのである。しかもこれらの節度使のひきいる軍隊はかつての徴

成徳節度使の本拠

兵ではなく募兵・傭兵《ようへい》であり、節度使が勝手に兵士を募ってそれぞれ主従関係を結び、強大な勢力を保持するようになった。なかでも平盧《へいろ》・范陽・河東の三節度使を兼ねて強大となった安禄山は、その力を背景にして大いなる野望を遂げようとした。それが安史の乱であった訳である。

しかもこの安史の乱の勃発とともに、国内の要衝に新しく節度使が配置され、乱後もますますその数が増えて、のちには四〇から五〇前後にもなったが、彼らはその地方の軍事力のみならず、政治・財政の権も掌握するようになって、次第に軍閥化の傾向が見られたのである。これらの中には、官軍の諸将や高級官僚から選ばれて節度使となった者も少なくなかったが、安史の乱に際して賊勢をきりくずすために、賊将の寝がえり者をもつぎつぎに節度使に任命した。史朝義に最後の止めを刺した李懐仙が盧竜節度使となったのを始め、魏博の節度使となった田承嗣《でんしょうし》、成徳の節度使となった李宝臣《りほうしん》などがそれである。これらの節度使はもともと握っていた勢力をそのまま維持し、官吏をみずから任命したり、租税を中央に送らず、現在の節度使が死ぬと、勝手にその子弟や実力のある武将をおし立てて唐朝に後任とすることを強要し、やがては唐の支配から離脱して半独立の状態を続けたのである。一般に節度使の兵力が一万から二万といわれる中で、盧竜節度使の兵数は約六万、成徳節度使が五万、魏博節度使は五万から七万といわれていたことからみても、その勢力の強大であったことが察せられる。

❖黄巣の乱

唐朝で両税法が実施され、中央や地方の経費がすべて両税収入に頼らなければならなくなると、節度使はその管内の両税収入を掌握し、種々の策をめぐらした。両税収入のうち、県の費用は留県、州の費用は留州、節度使の分は留使、中央へ送る費用は上供といい、勝手な収奪を防ぐため、それぞれの費用に一定の基準が設けられていた。しかし節度使の中には、自己の手許《てもと》に留保する留使に加えて、中央に送るべき上供をも私する者が多く、節度使の強大化を進める要因の一つともなったのである。

そこで憲宗の時には両税の上供を、節度使を通さず、各州の刺吏より直接に中央へ送らせることにし、節度使の任命も文臣や中央の禁軍《きんぐん》出身者を多く充てることにして、強大化を防ごうとした。これは一時成功したようであったが、すでに強大となった節度使の反乱はなお止まず、その上、一方では待遇の不満を原因とした部下の将兵と節度使との対立も起こり、地方ではしばしば兵乱が起こった。また唐朝は財政の窮迫に苦しんで激しい誅求《ちゅうきゅう》を事とし、地方の一般農民に一層負担の過重を強いたばかりでなく、地主豪族層までも苦しめることになったので、彼らは多くの流民と一緒になって、各地に反乱を起こした。その中でも特に顕著な事件は、黄巣《こうそう》の乱である。

黄巣は山東省出身で、塩の密売に従事する商人の一人であったが、乾符《けんぷ》二年（八七五）王仙《おうせん》芝《し》が河北省で反乱を起こすと、間もなくこれに呼応して山東省で立ち上がり、貧農・流民はもとより地主、土豪もこれに参加して大きな勢力となった。やがて王仙芝の敗死後、黄巣はその余衆をも収め、山東から河南・安徽・江西・福建をへて広東にはいり、乾符六年（八七九）には広州を包囲した。この時、彼は一時唐朝と妥協をはかって広州節度使を要求したが、容れられなかったので、広州蕃坊居住の外人一〇万余人を殺害したといわれる。

しかし黄巣の軍中に疫病が流行したので、彼は急ぎ北方へと方向を転じ、湖南・湖北・江西などをかすめて河南にはいり、広明《こうめい》元年（八八〇）一一月には東都洛陽を攻略した上、翌月には首都長安へと攻め込んだのである。その間、黄巣軍は途中で貧者には施しを行い、富者を追放し、貴族官僚はこれを捕えて殺したといわれるが、長安にはいって新政権を樹立してみると、その政権支配は長安周辺に限られ、経済的基盤も弱く、おのずから徴発略奪が激しくなったので、たちまち人心を失ってしまった。

❖五代から宋へ

唐朝がこの反乱抑圧のために考え出した方法は、周辺異民族の力を借りることであった。唐は当時内モンゴルから山西省北部に勢力を張っていた突厥沙陀《とっくつさだ》の李克用《りこくよう》を招いて、長安回復を期待し、中和三年（八八三）李克用の黒衣軍が黄巣軍を大敗せしめて長安を奪回すると、早速李克用に河東節度使を与え、さらに黄巣を追撃せしめた。他方黄巣軍から寝がえった朱温《しゅおん》には、全忠の名を与えて宣武節度使に任じ、黄巣軍と対決せしめることにしたのである。

かくして中国の大半を戦場化したこの乱も、中和四年（八八四）黄巣の死とともに、一応の幕はおろされたのであるが、この間に唐の貴族たちの多くは掠奪・殺害の対象となり、そのうえ、農民の流亡、農村の荒廃は、旧来の貴族の生活をも根底からくつがえすことになって、唐朝の貴族官僚支配は全く崩壊し、門閥貴族は社会的地位を失ってしまったのである。

これにかわって政権を担当するようになったのは、新しい節度使と荒廃の中から伸びてきた土豪・富商・群盗出身者などとが結びついた新興勢力である。すでに節度使の存在そのものが、唐の律令体制の崩壊の中から出てきたものであるが、唐末においては、黄巣が広州節度使を要求したり、周辺異民族出身の李克用が河東節度使を与えられたり、黄巣軍から寝がえった朱温（朱全忠）が宣武節度使に任じられたように、まさに節度使自身が土豪・群盗・異民族という、旧来の貴族とは全く異質の世界から現われてきたのである。

　黄巣の乱に功績をあげた武将のうち、特に李克用と朱全忠とが有力となり、彼らは互いに権力を競い合った。そのうえ鳳翔《ほうしょう》の李茂貞《りもてい》も加わって三者が皇帝に接近して覇権を握ろうと争っ

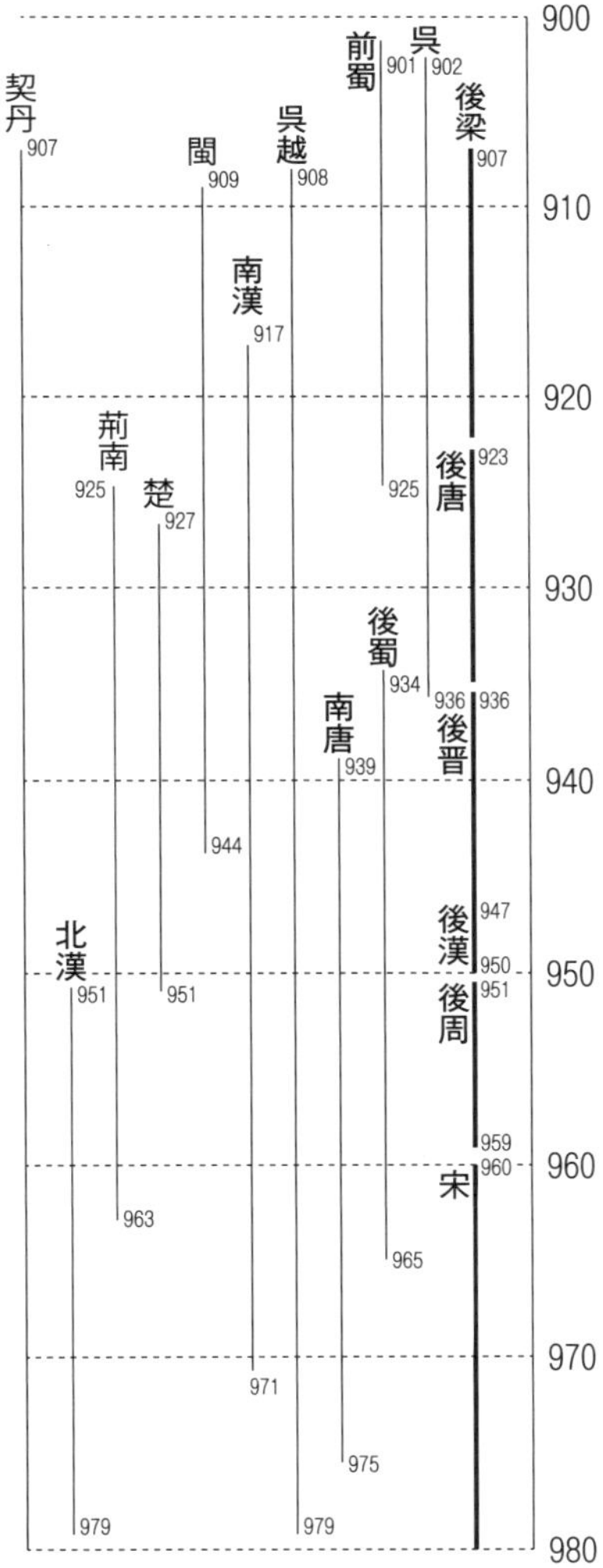

たが、結局天祐《てんゆう》四年（九〇七）朱全忠が唐にかわって政権を立てて梁《りょう》と号し、ここに唐は滅亡した。

朱全忠の梁（後梁）に続き、華北では後唐・後晋・後漢・後周と、五王朝が興亡したので、この時代を五代といい、また中国の他の地方には前蜀《しょく》・後蜀・呉・南唐など多くの国が興亡したので、あわせて五代十国の時代と呼んでいる。この五代十国のうちほとんどの国は節度使によって建国された政権であり、彼らの多くは、黄巣の乱を中心とする唐末の争乱の中から身を起こした群盗・兵士・土豪など新興階層の出身者か、異民族出身の武将であって、このような連中が節度使となって大土地を所有し、武力をたくわえ、軍閥として多くの部下を養い、新しい政権を樹立してゆくようになると、そこに見られる社会は、今までの唐代とおのずから異なったものとなってしまったのである。そして五代の後周の帝位を奪った趙匡胤《ちょうきょういん》が、開封に都をおいて宋を建国するに至って、ようやく中国に再び統一国家が生まれることになって、ここに新しい時代が展開する。

古文復興と新儒学の胎動

❖古文の復興

唐代の隆盛は、太宗から玄宗に至って、極点に達した観がある。一般に文化面からいえば、この時代を盛唐と呼んでいる。しかしすでに述べたように、玄宗時代から政治・経済などの分野で変革への動きが見られ、安史の乱を契機として、それがさらに深化していったが、思想・文化の面でも、時代の変革を示す動向が窺《うかが》い知られるのである。

内藤湖南博士はその著『支那史学史』の中で、つぎのように述べられた。「唐の中頃から、文章上・学問上に一つの革命の時代が来た」と。すなわち博士は、その革命的事柄として古文の復興や経学の新研究を挙げておられるので、博士の意見に準じてまず古文の復興から考えてみよう。

凡そ六朝から唐初にかけて流行した文体は、いわゆる四六駢儷《べんれい》文と称する技巧をこらした文章であった。これに対して漢代に用いられたような散文形式を復興し、文章上の技巧をはなれ、率直に自己を文章に示そうという傾向が出てきたことは、新しい意志表現として注目すべき現象であるといわねばならない。その気配はすでに六朝の末ごろに見られ、姚察《ようさつ》・姚思廉《ようしれん》父子が『梁書』・『陳書』などの歴史書編集に当たって、それまでに作られた『宋書』・『斉書』などにみられる駢文の体裁をやめて、散文形式に改めたことは、歴史家としての立場で自分が歴史を書くのだという意欲にもえた成果であったと思われる。また唐代にはいると、独孤及《どっこきゅう》や梁粛《りょうしゅく》などが前漢の揚雄《ようゆう》・董仲舒《とうちゅうじょ》の文にならって古文を用いている例もあるが、しかしそれらはどちらかといえば特殊な現象であり、まだ当時古文がさかんになった訳でない。大体古文の復興といえば、一般には唐の中期の韓愈《かんゆ》・柳宗元《りゅうそうげん》がその中心人物であるといわれるのである。したがって後に宋の蘇軾《そしょく》（東坡《とうば》）が韓愈を評して、「文は八代の衰を起こした」といい、『新唐書』の文芸伝にも、「古文は韓柳から興った」としているのは、その意見を代表するものであろう。

❖武帝と董仲舒

古文復興と同時に、もう一つの変革は経学の分野でも見られた。内藤博士はいう。「それと同時に、経学方面においても一つの革命が起こった。春秋の新研究がそれである。その研究家として啖助《たんじょ》が出て、その門下に趙匡・陸淳《りくじゅん》がある。この人々は、従来春秋がもっぱら三伝によって研究されたのに反し、三伝に対しても疑いをはさみ、自己の考えで判断することとなった。……この春秋の新研究の起こったことは、思想上に新しい風を生ぜしむると共に、春秋の義法を新しく考えしめるものであって、その流れは古文の復興と相関連して、唐以後大いにさかんになった」(『支那史学史』)と。

では経学とはどのようなものだろうか。経学とは、文字の意味からいえば、経書についての学問ということになるであろうが、経書は儒学の基本的文献であり、要するに経学とは儒学を学ぶことである。儒学とは、先秦時代の諸子百家のなかで、孔子を始祖として孟子《もうし》・荀子《しゅんし》など

蘇　軾

により形成された儒家の発展したものであり、経学という概念で考えられる儒学は、おおむね漢代にはいってからといえる。

漢の第七代皇帝となった武帝は、一七歳で即位すると、積極的に新政の推進をはかり、地方から賢良文学など、優秀な人材を推挙せしめて、官僚への登用につとめたが、この時、賢良をもって応じた董仲舒は、帝の出題した「大道の要、至論の極とは何か」という質問に答え、孔子の言葉を随所に引用しながら、つぎのようにいった。

人君たる者が、心を正しくすれば、朝廷も正しくなります。朝廷が正しくなれば、百官も正しくなります。百官が正しくなれば、万民も正しくなります。万民が正しくなれば、四方も正しくなります。四方が正しくなれば、遠近あえて正しくならぬものはありません。邪気もその間に入り得ません。こうなれば陰陽調和し、風雨に時あり、群生和して万民は殖え、五穀は熟し、草木は茂り、天地の間、潤沢をうけ、大いに豊美となりましょう。

と。この意見を見て武帝が驚いたのも無理はない。何故なら具体的な治世の法がかえってくることを期待していた武帝に対し、まず人君たる者は、自ら心を正しくせよと、帝自身の処世訓を堂々と論じたからである。

この話は後漢の班固《はんこ》が撰した『漢書』董仲舒伝に出ているものであるが、同書には続いて、武帝はその対策（答案）を見て、心を動かし、また彼に問うたというから、武帝に与えた衝撃の程度を知ることができる。そこで董仲舒が再び答えていう。

もとより、士を養わずに、賢を求めようと欲するのは、たとえば玉を磨かずにその光を求めようとするのと同じであります。故に士を養うことの最も大切な方法は、太学より他にはありません。太学は賢士の関わる所であり、教化の本原であります。今、郡国のなかで、天子の詔勅《しょうちょく》に応じてくる者が少ないのは、王道が往々にして絶えようとしているからであります。陛下、どうか太学を興し、明師を置き、天下の士を養い、しばしば考試してその人材を開発して頂きたい。そうなれば、英俊はきっと出てくるでしょう。

と。つまりつぎの段階で董仲舒は人材開発のために太学の開設を主張したのである。さらに武帝は三たび問うと、董仲舒はいう。

今、学者はそれぞれ道を異にし、人はおのおの論を異にし、百家はいう所がまちまちです。これでは上に統一がなく、法律や制度がたびたび変わり、下々の者は何を守っていいかわかりません。私が思いますのに、六芸の教科と孔子の学術でないものはすべて禁止し、それらをとりあげてはなりません。そうすれば、邪辟《じゃへき》の説はすっかりやみ、規範も統一され、法度も明らかになり、民も従う所を知るでしょう。

と。こうして董仲舒は六芸の教科と孔子の学術を進言し、儒学によって世論を統一することをはかり、ここに儒学が官学としての地位を確立することになったのである。

❖五経博士

もちろん漢の武帝のころになって、儒学が急に進出したわけではない。諸子百家の一として、先秦時代に行われた儒学は、秦の始皇帝のきびしい思想統制にあって、激しい弾圧の嵐を受けたが、漢の恵帝のころ、ようやく挾書《きょうしょ》の禁が廃止され、儒学の経典も徐々に日のめを見るようになった。しかしなお文帝は刑名の学を好み、法家にくわしい晁錯《ちょうそ》が景帝に重用されるなど、秦以来の法術主義も行われているほか、黄老学の信奉者である文帝の皇后竇《とう》氏を中心に、武帝の即位当初まで黄老学もさかんに朝野に流行していたのである。

そのようななかで、文帝・景帝の時に賈誼《かぎ》が儒学にもとづく政策を上言したり、詩経の学者轅固《えんこ》が堂々と孟子の革命説にもとづいて湯武の革命を論じたり、おもむろに儒学の芽が萌え出していた。そうした趨勢を受けて、幼時より儒学的教育を受けていた武帝が、董仲舒の進言をとりあげ、儒学的国家へとふみきったのである。

武帝はまず建元五年（前一三六）、易・書・詩・礼・春秋の五経博士を置き、儒学の経典を講説することをもって、国家の公認された教育と規定した。以後儒学の教育を受けたもの、あるいは儒教道徳の実践者が、つぎつぎと官僚に登用されてくる。こうしてすべて官僚の教養は儒学をより拠とするようになってくると、政治と学問が結びつく。つまり儒学と国家権力との

漢代の講学

結合が成就し、これより儒学はつねに国家政治の根本理念となり、以後の中国思想界のみならず、社会全般にわたって、重大な影響を与えたのである。

❖春秋の三伝

ところで儒学の官学化に大きな役割を果たした董仲舒は、春秋の学者であり、漢代儒学の中でも枢軸的な立場にあった学問は、春秋学であった。春秋は魯《ろ》の隠《いん》公元年（前七二二）から哀《あい》公一四年（前四八一）までの歴史書で、もともと東周時代の一国である魯の国の出来事を編年的に記述したものであるが、この二四二年にわたる記録を、孔子もしくはその教えを受けた門人が整理し、かつ若干の添削《てんさく》を施して儒学の教科書としたといい、そのような春秋がさらに漢王朝のもとに、政治と学問を結びつける役割をになった点は注目されなければならない。

畏友日原利国氏は「儒教の国教化」(中国文化叢書3)を論じ、漢王朝のもとで春秋が果たした役割として、漢代予定説を挙げておられる。すなわち、公羊伝《くよう》(哀公一四年)に「春秋の義を制して、以て後聖を俟《ま》つ」とある一文にもとづき、「周を継ぎ乱を撥《おさ》める」べき任務をおびて出現する劉漢《りゅうかん》王朝のために、孔子は春秋を制作し、そこに新王の道を寓したという主張である。そしてこの主張によって「一つには漢王朝の歴史的な存立理由を弁証し、二つには春秋と漢王朝とを不可分に結びつけ、春秋に漢王朝の政治哲学としての不動の地位を約束したのである」とされる。かくて「春秋は権力に接近し、かつての尖鋭《せんえい》な理論の一部は、政治の指導原理に変貌し、あるいは王朝弁護論と化し、他の一部は多義的なまたは創造的な解釈によって支配の理論に転用されることになった。春秋、いいかえれば儒教は国教化を画期として、その性格を大きく変える。原始儒教に対して、経学の名のもとに区別されるのは、このためである」と。

このような儒学変容の原点に立っていたのは、董仲舒であり、また彼の主張する春秋公羊学であった。このころの春秋とは、まさに公羊春秋である。春秋には普通、公羊伝、穀梁《こくりょう》伝、左《さ》氏《し》伝の三伝が伝えられるが、武帝のもとに儒学の官学化を推進したのは公羊伝であり、穀梁伝も武帝の時に博士の官は立てられるが、政治と学術の世界に振舞うようになったのは宣帝のころである。

❖五経正義

こうして春秋の三伝は、漢代以来の春秋学の基本的文献となり、また易・書・詩・礼記と合わせて、いわゆる五経が儒学の伝統的テキストとして尊重され継承された。そして後漢時代には、これら経典の訓詁《くんこ》がさかんとなり、魏・晋・南北朝には多くの義疏《ぎそ》が加えられて、隋唐の世になると、五経のテキストや註釈は多種多様で、汗牛充棟《かんぎゅうじゅうとう》もただならぬありさまとなった。

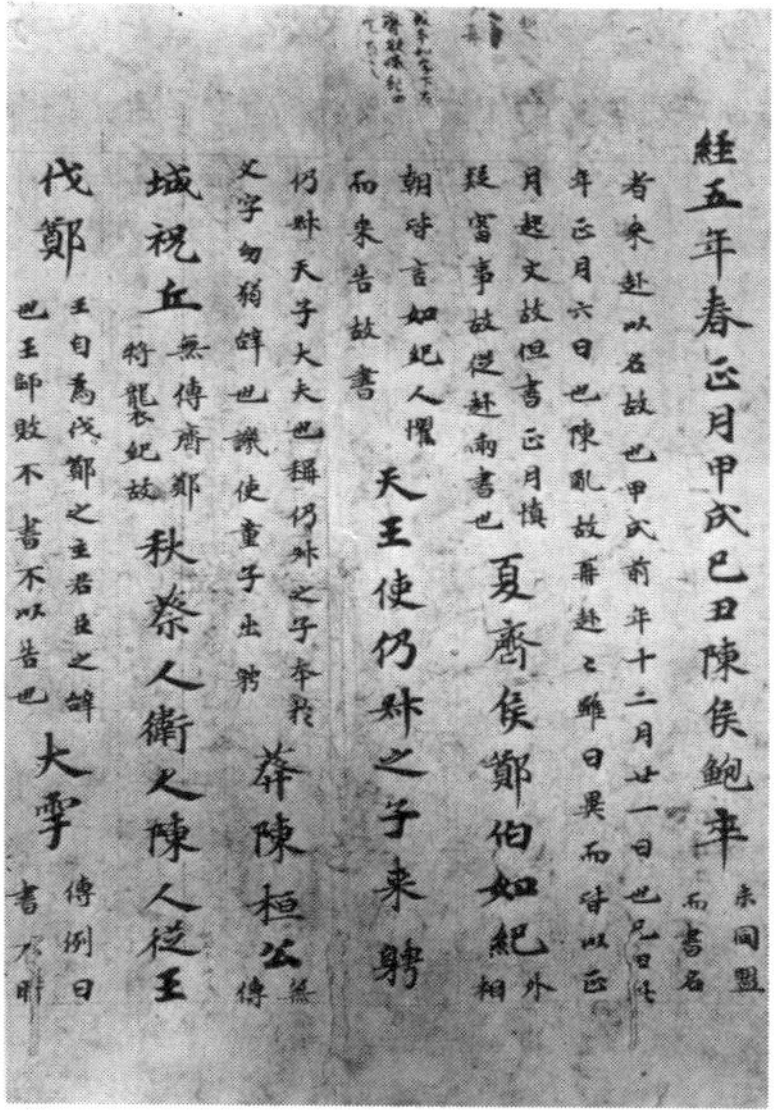
經五年春正月甲戌己丑陳侯鮑卒 未同盟而書名
者來赴以名故也甲戌前年十二月廿一日也己丑此
年正月六日也陳亂故再赴之雖日異而皆以正
月起文故但書正月慎
疑審事故從赴而書也 夏齊侯鄭伯如紀 外相
朝皆言如紀人懼
而來告故書 天王使仍叔之子來聘
仍叔天子大夫也稱仍叔之子本於
父字句稱弱也譏使童子出聘 葬陳桓公 無傳
城祝丘 無傳齊鄭將襲紀故 秋蔡人衛人陳人從王
伐鄭 王自爲伐鄭之主君臣之辭也王師敗不書不以告也 大雩 傳例曰書不時

「春秋経伝纂解」

そこで唐では、儒学の混乱を防ぐために、貞観四年（六三〇）顔師古《がんしこ》に命じて五経正文の考定を行い、テキストの定本をつくるとともに、孔穎達《くえいたつ》らに勅して、多くの註釈の中から取捨選択して註釈の基準を示させた。これが五経正義であり、周易は王弼《おうひつ》・韓康伯《かんこうはく》註、尚書は孔安国《こうあんこく》註、詩経は毛《もう》萇《ちょう》・鄭玄《じょうげん》註、礼記は鄭玄註、春秋は左氏伝杜預《とよ》註と定めたのである。この五経正義が実際に公布されたのは永徽《えいき》四年（六五三）といわれているが、これ以後儒学教育はすべてこの五経と五経正義にのっとることとなり、官僚となるための登用試験（科挙）には、この五経正義が規範となったのである。このことは、儒学教育を一つの統一した形にはめ込むことになり、儒学的教養の普及という点で唐朝にとってのぞましいことかも知れないが、学問を一定の枠にはめ込み固定化して、自由な研究を阻害したという大きな弊害も見のがせないものであった。

しかし唐代においても、すでに述べた如く、玄宗時代を境として、政治・経済・社会など各分野において新しい動きが見られる。この五経正義に対しても、学問研究の自由を求め、その枠をのりこえて儒学の根源を極めようという気配が胎動してくる。それが内藤博士のいう「経学分野の革命」であり、まず春秋三伝に対する新研究であったのである。

❖春秋の新研究

玄宗の天宝ごろ、春秋の学者に啖助なる人物がいた。彼は趙州の出身で、天宝の末ごろ臨海尉、丹楊の主簿《しゅぼ》などを歴任したが、その後はもっぱら屏居《へいきょ》して春秋の研究につとめた。当時の春秋は五経正義によれば三伝のうち左氏伝杜預注と定められていたが、啖助は公羊伝や穀梁伝を好み、左氏伝を左丘明《さきゅうめい》の作ではないと決めつけ、自己の見識によって直接春秋の真意を追求せんとし、三伝の長短をとって『春秋集伝』を著わした。これは当時の儒学界にとっては大事件であり、左氏伝に正面から批判を加え、春秋解釈に対してその羈絆《きはん》を脱して自由な立場から

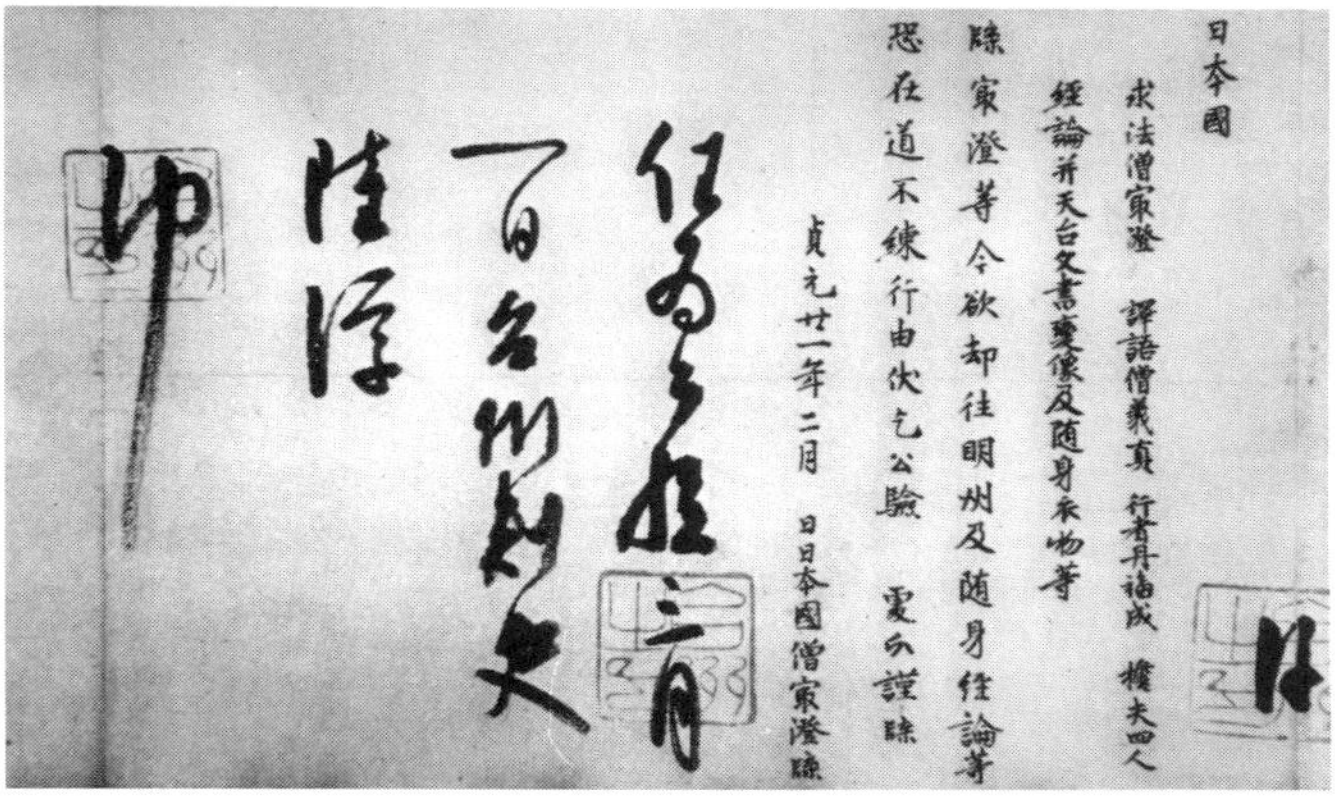

陸淳の筆蹟

春秋を理解しようとしたもので、その研究に新しい旋風をまきおこすことになったのである。

その後、啖助の高弟趙匡は師の『春秋集伝』を損益し、さらに陸淳（のち陸質《りくしつ》と改めた）がこれを整理して『春秋集伝纂《さん》例』をつくったが、かれらの学風は、やがてつぎにおこってくる新儒学への先駆として注目すべきものであろう。

ところでこの陸淳について、唐時代の人物の伝記を記載した『旧唐書《くとうじょ》』と『新唐書』とでは、微妙な相異が見られるのである。五代の後晋のころ編纂せられた『旧唐書』では、彼の伝記は儒学列伝の中に加えられている。ところが宋代の嘉祐《かゆう》六年（一〇六〇）、欧陽脩らが勅を奉じて編纂した『新唐書』では、その伝は韋執誼《いしつぎ》・王叔文《おうしゅくぶん》・王伾《おうひ》・劉禹錫《りゅううしゃく》・柳宗元らとまとめて一巻となっているのである。『旧唐書』が彼を儒学者の一人と解している点は当然のこととして、『新唐書』の見解は一体どのような意味を持つものであろうか。

❖二王事件

『新唐書』では、彼らを総括して、二王事件の一味と解釈した。二王とは、王叔文、王伾を指すが、王叔文は碁をよくし、王伾も書が巧みで、いずれも徳宗の貞元年間、翰林待詔《かんりんたいしょう》として東宮に出入し、太子（のちの順宗）の寵《ちょう》が深かった。当時翰林学士の地位は重く、世人は翰林学士を内相とまで称したが、王叔文は自ら翰林学士となることを期待して、時の翰林学士韋執誼と結び、また韓泰《かんたい》・陸淳・呂温《ろおん》・柳宗元・劉禹錫ら知名の士と死友と称して他日あるを期していた。永貞元年（八〇五）正月、徳宗が崩じ、後嗣を定めるに当たって、太子に風疾があり、言葉を発することができず、宦官の中には太子をおいて、その子純《じゅん》を立てようという意向もあった。その時、翰林学士衛次公《えいじ》・鄭絪《ていいん》らは、「太子に疾があるといっても、家嫡《かちゃく》にある者を当然立てるべきだ」と主張して、ついに太子の即位が決まった。これが順宗である。

勿論、順宗は自分で何一つ為すことが不可能なので、ただ深く簾中《れんちゅう》に居るのみ。宦官李忠言《りちゅうげん》、牛昭容《ぎゅうしょうよう》が左右にあって百官の奏上を可否決定する。そこで王叔文は自ら国政を掌握しようと欲し、韋執誼を宰相にまつりあげ、自己は翰林学士となって、王伾と通じ、王伾は李忠言に、李忠言は牛昭容と、互いに結び合って政務を握ったのである。

安史の乱前後から、政治上に特に強権を持つようになったのは、節度使、宦官、それに翰林学士であろう。節度使、宦官についてはすでに述べたが、徳宗ごろから翰林学士の活躍がめざましく、その発言権は節度使や宦官にも劣らない有様となった。官僚となり栄達をのぞむ者にとっては、この三者と何らかの形で結びつくことが有利となってくる。しかし節度使はもともと在地勢力であり、政界への上達には必ずしも便宜とは、限らない。宦官も内廷の特殊権力であり、新しく官界に雄飛しようと志す新進官僚には、近づき難い存在である。とすると、新進官僚が接近しやすく、利用しやすく、また将来望み得る官僚コースとすれば、翰林学士であろう。王叔文や王伾が成功したコースも、この道を利用したものであり、陸淳、呂温らも速達の道をここに見出したのである。

こうして、王叔文や王伾らの門には、官を求める者が群集し、車馬は市をなすありさまであったが、彼らの専横は実の所わずか数か月で終わってしまったのである。何故なら内外に王叔文らの専恣《せんし》に対する反対の空気がまきおこり、また彼らの内部にも意志の疎通を欠くような事態が現われたうえ、順宗の病気が少しもよくならぬため、ついにその年の夏順宗の太子純が監国に任じられて政務を担当し、さらに位を譲られて即位した。これが憲宗である。皇帝が変わると宮廷の状勢は一変し、王叔文、王伾をはじめ、一党はいずれも左遷されてしまったのである。

柳宗元と韓愈

❖陸淳と柳宗元

陸淳とともに、二王の事件に加わっていたと見られている主要人物の一人に柳宗元がいる。柳宗元といえば、韓愈と並び称せられた古文復興運動の立役者である。その柳宗元が陸淳の墓表を書いている。

孔子が春秋をつくって千五百年、その伝をつくったものは五家あるが、今その三を用いている。呉郡の人陸先生は天水の啖助、および趙匡を師友としているので、よく聖人の旨を知っている。故に春秋の言、是に及んで光明があり、俗人や小竜に学を積ませて聖人の道に入れしめ、聖人の教えを伝えしめたのは、その徳たるやまた大なるものがある。先生は書を読み著述の根本を知り、しかもその師友を得たので、古今を合わせ同異を明らかにし、言をつらね文を重ね、道を講ずること二〇年、著作することまた十余年、春秋集註一〇篇、辯疑《べんぎ》七篇、徴指《ちょうし》二篇をつくられた。故にその書が出て先生は巨儒といわれた。先生、道を書に残して政治に及ばず、道を言に述べてその治まれるを見るに及ばず、門人ならびに世の儒者は慟哭《どうこく》す。のち若干年にして先生の書を学ぶ者あり、その墓を過ぎその道の由るところを哀れみ、石に追悼の文を刻した。

と。すなわち陸淳が春秋の大学者であったことをいい、のち若干年にして陸淳の書を学ぶ者があると述べているが、ここにいう書を学ぶ者とは、実は柳宗元が自分のことをいっているので、柳宗元と陸淳の関係はただの二王の一味というよりは、陸淳の春秋学の影響を柳宗元がかなり受けていたものと思われるのである。

柳宗元は「守道論」の中でまず「春秋左氏伝」の一節にもとづいてつぎのようにいう。

柳宗元

左伝昭公二〇年に、「一二月、斉侯が沛で田猟し、虞《ぐ》人《じん》（山沢の官）を弓で招いたが、虞人は来なかった。斉侯は怒って虞人を捕えると、虞人はいった。昔から先君が田猟に出られた場合、大夫を招くには旃《はた》を用い、士を招くには弓を用い、虞人を招くには皮冠を用いられた。私は皮冠を見なかったので進みませんでしたと。そこで斉侯は虞人を許されたが、孔子がこれを評して、道を守る（招かれてゆく）よりは、官を守る（規則通りでなければゆかぬ）方がいい（守道不如守官）」と。

これは左氏伝中の文章であるが、柳宗元はこの孔子の言を論じて、

これは聖人の言ではない。これを伝える者の誤まりである。官とは道の器であり、官と道とを切りはなすことができない。守官であって失道とか、守道であって失官ということはあり得ない。したがって「守道不如守官」とは、その根本を見うしなっている言葉であり、これは聖人の言葉でない。これを伝える者の誤まりである。

と。すなわち、これまで春秋に対する解釈は、金科玉条と五経正義に入れられた左氏伝の杜預註に従ってきたのであるが、柳宗元は左氏伝そのものを批判し、この論の中で「守道不如守官」という一句をとりあげてこれを否定し、「聖人の言でない。伝える者の誤まりである」という言葉を、三度にわたって書いている。柳宗元がその誤まり伝える者と指摘したのは一体誰を指していたのだろうか。それこそ、左氏伝の註疏を書いた杜預や、五経正義を編集した孔穎達などのいわゆる公式的立場の人々を指摘したものであろう。すなわち柳宗元にも啖助、趙匡、陸淳らの新しい春秋家の血が脈々と流れているのである。

❖六逆論

春秋を通して既成権威へのレジスタンスをこころみた柳宗元の気迫は、彼の「六逆論」にも

あらわれている。左氏伝の隠公三年に六逆説という話がある。

衛の荘公の子州吁《しゅうく》は妾の子であるが寵愛が深く、甚だ乱暴者なのに、荘公は少しも注意しない。そこで石碏《せきしゃく》が荘公に諫《いさ》めて、「本当に我が子を愛するならば、義方を教え、邪に入れないことである。驕奢淫泆《きょうしゃいんいつ》は邪道である。もし州吁を太子に立てようと思われるならば、早くされた方がいい。そのまま棄てておくと、禍のもとになる。一体、賤であって貴を妨げ（賤妨貴）、少《わか》くて年長をしのぎ（少陵長）、疎遠な者が親近を離間し（遠間親）、新進が耆旧《ききゅう》をへだて（新間旧）、小国が大国に兵を加え（小加大）、邪淫な者が正義を破る（淫破義）、この六者はみな天理を破るものである」と言上した。

柳宗元は、この六逆の項目に批判を加えた。

「少陵長、小加大、淫破義」の三者はもとより乱をなす。しかし、「賤妨貴、遠間親、新間旧」の三者は、必ずしも乱といえようか。「賤妨貴」というのは、思うに後嗣をえらぶのに、その母の身分が貴いか否かを考える言である。貴であっても愚、賤であっても聖賢であれば、それを妨げるのは理の当然である。また「遠間親、新間旧」は任用の道をいう。親にして旧なる者が愚、遠にして新なる者でも聖賢なれば、これを離間するのはまた理の当然である。どうしてこの言に従う必要があろうか。この言に従えば天下は乱れるだろう。顔師古の訓、必ずしも可ではない。これもまた不可である。この三者は君をえらび臣を挙げる法であって、天下の治乱の本である。後世の人はこの左伝の言に従って論を立てるが、上智の人は惑わされないけれども、中人以下の者はこれによって敗乱を招く者は少なからず。この言こそ廃すべきものである。

と。ここでは柳宗元がもはや堂々と左氏伝の文に挑戦して廃すべきものと論じ、顔師古の註をすら不可と論断して、注釈家たちへの攻撃を展開したことが、この「六逆論」の一節から十分に知られるであろう。

しかもこの「六逆論」は、柳宗元の左氏伝への挑戦ということだけではなく、さらにこの中に彼の人間観が十分に看取されるのである。彼が肯定した三者は、地位の貴賤や血統、あるいは親疎遠近をのりこえて、人間そのものの能力、個人の人物如何を問題にしているのであり、そこには規格化された社会の一員としての人間ではなくして、あくまでも個人の能力を認め、人間としての価値に基準をおいた考え方である。そのことは六朝より唐に至る貴族社会において、家柄を尊び族姓を重んじる意識と、まさに相対立する考え方であって、彼の中には変革しつつある新しい社会への息吹きが、強くわきあがりつつあったものと思われる。

人間もし聖賢ならば、その能力に応じて位を受け、その力量を発揮させる。それが彼の画く社会の理想型である。彼の「封建論」にいう。

一体、天下の道は治安にある。それは結局人を得ることである。賢者を上に居らしめ、不肖者が下に居ってこそ治安ができる。今、封建そのものは世襲で治めることであり、そのような世襲ならば、果たして上に賢者が居ろうか。果たして下に不肖者が居ろうか。それならば、世の中の治安をはかり知ることができない。また人民の耳目を集めて、良き世の中にしようと考える者があっても、世襲の大夫がおり、代々禄邑《ろくゆう》を食《は》み、その封土をひとり占めするようならば、いかに聖人がその時に生まれようとも、また天下に立つ方法がない。

と。これは唐の世襲的な社会制度を批判し、そこから人間としての価値を評価しようとするもので、究極のところ彼は「政治は結局、人を得ることである」と明言するのである。この言葉は彼からはるかに後に出た宋の范祖禹《はんそう》の「政治は人物によって行われ、法度によるものでない」(『唐鑑』)という意見を彷彿《ほうふつ》させるであろう。

❖柳宗元の君臣観

さて、このような人物が君となり臣となって政治を行うとして、その君や臣は、一体如何に行動すべきか。柳宗元は官僚としての職能をつぎのように規定する。

およそ地方に官吏となる者は、自分の職分を知っているか。一体その職は人民に役せられるものであって、人民を使うのみではない。人民はその地方にあって生活するや、その収入の十分の一を租税として出し、この金で官吏を傭《やと》い、吾々人民のために均《ひと》しく料《はか》らしめるにある。すなわち人民が俸給を出し傭ったものである。ところが官吏となった者の中には、自分がその傭い賃を受けながら、その仕事を怠る者が甚だ多い。これはただ怠るばかりか、人民より盗みとるようなものである。今かりに男を家で傭い、その男が俸給を受けながら仕事をせず、かえって主人の貨財器物を盗むならば、主人は必ず怒って、この傭人を懲罰するにちがいない。今、天下の官吏にはこのような者が少なからず見られるのに、傭い主の人民が思うままに怒り、懲罰しないのは何故なのか。それは勢力すなわち地位が異なるからである。しかし勢力が同じでなくとも、道理は同一である。もし道理に達した官吏であるならば、どうして自分の行いを恐れ、人民を畏れないでおられようか（送薛存《せつぞん》義《ぎ》之任序）。

このように柳宗元は、官僚というものは人民によって傭われ、人民にかわって執行する者と規定する。故に官僚はすべて人民に責任を負うべきものと考える。しかも官僚たる人間も、十分の一の租税を出し、官僚を傭った人民も、同じく人間であり、また道理として何の差異があるはずはないときめつける。この考えは、当時の貴族社会にあっては、おそらくきわ立って新しい意識ではなかっただろうか。たとえば、つねに柳宗元と対象的にとりあつかわれる韓愈と比較するとどうか。韓愈はその「原道」の中で、「君とは令を出すもの、臣とは君の令を行い、

韓愈（左）と陸贄（右）

これを民に致すもの、民は粟米麻糸《ぞくまいまし》を出し、器皿を作り、貨財を通じその上につかえるもの」と規定し、君、臣、民の間に明らかに階層的差異あるものと考えていたのに対し、柳宗元はより自由に人間を把握し、身分的な隔障をもとり去った個々の生きた存在と認識していたものと考えられないだろうか。

したがって柳宗元の君主観は、またつぎのように示される。一体中国の古代では自然現象と人事現象とは互いに関連すると考える。君主が善い政治を行えば、自然もそれに感応して順調に進む。これに反して君主の行いが正しくなければ、災害がやってくるという。これが最も明瞭に主張された例として、前漢の董仲舒の「天人相与の関係」という意見がある。ところで、唐の徳宗のころ、朱泚《しゅし》が乱を起こして都を占拠し、徳宗が禍乱に苦しめられた時に、徳宗は、「これは天命であり、人事によらない」といったが、帝の側近に仕える翰林学士の陸贄《りくし》は「書経に天の視聴する所みな人によるといいます。聖哲の意はみな禍福は人によるといい、盛衰は天命にありといいません。思うに人事おさまって天命乱を降す者はありません」と述べた。すなわち徳宗にはなお天命に固執する考えがあるのに対し、陸贄は天命という権威よりも、それを受ける人間の方に重点を移した考えになっているのである。

しかし柳宗元になるとはるかに飛躍する。彼の「天説」には、韓愈と禍福について論じ合ったという話が出ている。韓愈が「君は天の説を知っているか。今、疾痛饑寒《しっつうきかん》に苦しむ者がある。天を仰ぎさけびいう。民を害する者が栄え、民を救う者が禍を受けると。しかし私は思う。天その声を聞けば、功ある者は必ず大きな賞を与え、禍ある者は罪を受けることも大きいであろう」と。柳宗元が答えていう。「一体天がどうして功を賞し禍を罰することがあろうか。功とは自ら功があり、禍は自ら禍を招くもので、賞罰を天に望み欲するのは、大きな謬《あやま》りである。叫んで怨み、哀れみ、仁を受けようと欲望する者は、さらに大きな謬りである」と。

この所論に見える韓愈の意見は、先の陸贄と同じく、人がよび叫ぶというところに人間の意志は加わるが、なお天の権威を期待する立場である。しかし柳宗元には、天が感じて賞罰を降すのでない。自らの行為が、結局自己に返ってくる。禍福吉凶は要するに自己の行為による所為であろうと主張しているのではないか。だから彼は「䄍説《させつ》」の中で、神を祭るという行事にも疑いの眼を向け、「零陵郡復乳穴記《れいりょうぐんふくにゅうけつき》」では、善き政治家が刺史《しし》になったので、石鐘乳がとれたという祥瑞《しょうずい》の話の実態を暴露して、真の政治は祥瑞や、天の示す現象に左右されるものでないと主張する。そこには古来より中国人の意識の底に横たわっていた「天がすべて人間現象を支配する」という観念は、ほとんど消えさり、天の力よりも生きた人間を打ち出し、君も臣も人間という共通の場においては何の差別もないものと理解したのである。

❖柳宗元の聖人観

韓愈は「原道」「原人」「原性」などの論著の中で、聖人をつぎのように考える。「昔、人間に害が多かったので、聖人が出て人民に生養する道を教え、人民の君となり師となって虫蛇禽獣《ちゅうだきんじゅう》を追い、人が寒さに苦しむ故に衣を作り、饑えんとする故に食を作り、住むべき家をつくり、器具を備え、礼をつくって先後を設け、政治を設けて怠勧《たいけん》をととのえ、刑罰を設けて強梗《きょうこう》をのぞく。このように聖人は害が来ればその備えを設け、患が生ずればその防禦をなした」と。このような聖人なれば、人民とは異なって隔絶しすぐれた存在と思われる。だから韓愈の『師説』にも、「古の聖人は普通の人より抜け出ることはるかに遠い。今の衆人、聖人を降ること亦はるかに遠い」と規定する。したがって彼の「原毀《げんき》」にも、「舜は大聖人なり、後世及ぶなし。周公は大聖人なり、後世及ぶなし」と論断するのである。

ところが柳宗元ではどうか。彼は「時令論」の中で、礼記月令を論じて、「漢儒はこれを聖人の作というが、聖人の道はただ人に利し、事に備えるのみ。月令の説をみれば、いやしくも五事を合して五行に配し、その政令を施こす。これは聖人の道より遠く離れたものである。故に時令に反せば、天変地災が起こるなどというのは、瞽史《こし》の言であって聖人の為すところでない」と断言する。また「観八駿図説」には、「古の書に周の穆公《ぼくこう》が八頭の駿馬を馳せて崑崙山《こんろんざん》に昇ったといい、後世その図を画いて今日に至るが、その画いた図たるや奇怪なものである。世人はその図を見て、その馬の異形を標準にして駿馬を求む。世人が聖人をいう場合もこのようなもので、伏羲《ふくぎ》を牛首といい、女媧《じょか》を蛇に似たものといい、また孔子を仮面を着けたものといったりする。しかし孟子もいうではないか。何で人と異なることがあろうか。堯舜《ぎょうしゅん》も一般の人も同じことなのだ。一体馬にも一里進んで汗を流すもの、十里行って汗を流すもの、千里も弱らないものなど色々ある。人間でも色々と職分の相違はある。しかし円い頭、横についている眼、穀物を食い、肉類に飽き、葛衣《かつい》をきて涼しく思い、毛皮をつけて温かく思うことは、皆同一ではないか。これを推して聖人に至るも、また同じ人間の部類なのだ。どうして聖人が牛や蛇に似ることがあろうか。だから駿馬を求めるのに図の如きを求めても到底得るものではない。聖人を慕う者、これを実在の人に求めず、牛や蛇に類するものを求めても到底得られない。聖人はやはり生きた人間に求めなければならないのだ」と。

彼はこの論の最後に皮肉っていう。「天下のこの図をかき集めて焚《や》いたなら、駿馬と聖人がとび出すに違いない」と。柳宗元の意識では、聖人といえども一般の人間と同一であり、超越した存在とは決して考えていないのである。これこそ唐代一般の儒学意識よりすれば、はるかに新しい考え方であり、聖人を普通の人間と同じ基盤に引き降したものであるとともに、一般の人間にも聖人たり得る可能性を発見させることになるであろう。すなわち、そこに宋代知識人の新しい意識・発想へのレールがすでに敷かれていたと見ることができるのではないだろうか。

❖コンラド博士

柳宗元と韓愈といえば、古文復興運動の立役者と考えられるのが普通であるが、柳宗元が新しい精神開拓の先駆者として、十分にその役割を果たしていることは、すでに述べてきた所で明らかであろう。ところで今まで柳宗元に対置してしばしば引き合いに出した韓愈も、実は当時の人々の中では新しい思想活動のにない手として、十分に注目に価する存在なのである。いや儒学発展を論ずる場合、多くの人々は柳宗元よりも韓愈をとりあげるのが一般的なのである。そこでつぎに韓愈を論ずることになるが、その前に私の見解と同じように、柳宗元と韓愈を共通の基盤に置いて、彼らを新しい思想形成の先駆者として高く評価した学者を紹介しよう。

最近なくなられたソ連（現、ロシア）の東洋学者ニコライ＝コンラド博士は、その論考「韓愈と中国ルネッサンスの開始」（『東洋と西洋』上　理論社刊）の中で、韓愈の「原道」と柳宗元の「薛存義《せつそんぎ》を送るの序」を比較して、つぎのようにいわれた。「韓愈の原道をみても、我々は、彼が勤労者階級は自分の財産の一部を支配者階級にゆずり渡しているのだということを、理解しているのだといえるような規定を、見つけ出しはしない。柳宗元にはそのような規定が存在する。それは主人の召使への給料なのである。主人とは人民であり、召使とは役人・統治者なのである。役人・統治者は、人々と財産とを守り、泥棒と強盗とを追跡するところの、傭われた番兵より以上の者ではない」と。

このことはすでに私が述べてきたことでもあるが、コンラド博士はさらにいう。「ここに引用した思想を、我々は韓愈のなかにではなくして、柳宗元のなかに見出す。けれどもこのふたりは、単に同時代の者というだけではなく、彼らは志を同じくする友人であり、大きな社会運動の開始者であった。したがってその一方のいい残したことを、我々が他方の者のなかに見つけたもので補充するということは正当である。両者の思想は同じように、この運動に参加している。韓愈の『道』、それは同じように柳宗元の『道』である。これは彼らの時代すべての『道』である。では一体この『道』とは何であろうか」と。

❖韓愈の道

韓愈の追求する道は、人間の道、すなわち仁道であるという。その道は遠い古代に行われた先聖の徳教である。しかし漢以後その道は仏教や道教に蔽《おお》われて衰退してしまったと韓愈は考える。そこから仏道への彼の攻撃が始まる。

韓愈の生涯にとって最も大きな事件は、彼の「論仏骨表」の奉呈であろう。時まさに元和一四年（八一九）正月、いわゆる三武《さんぶ》一宗《いっそう》の廃仏の一つ、会昌の破仏事件に先だつことわずかに二十余年前のことである。鳳翔府法門寺の護国真身塔に納められている釈尊《しゃくそん》の指骨一節が、三〇年に一度開帳され、その功徳によって豊年が約束されるというが、あたかもその年に当たり、朝野の熱狂的な尊信の波にのって、皇帝憲宗も自ら盛大な供養を捧げるのを見て、仏教に溺れる帝を極諫《きょくかん》するため奏上した一文が「論仏骨表」であった。彼はその中で仏教信奉は国家にとって一大不祥事であると嘆き、仏教信奉の諸帝が必ずしも長寿といえぬと論断し、仏教は外《がい》夷《い》の教であって、先聖の徳教と相容れないと決めつけて、仏教を激しく排撃したのである。そのため憲宗の激怒にあい、あやうく死罪になるところを、ようやく罪一等を減ぜられて、嶺南潮州に流されることになった。このように韓愈は身を挺して仏教排撃の論を展開したが、また彼は道教にも同じく激しい抵抗を示したのである。それは究極のところ、彼の道を求める行為のあらわれであった。つまり先聖の徳教・儒教の精神の高揚である。彼の意見をもっともよく表わした文章が、彼の「原道」である。その文は「博く愛する、これを仁と謂う。行《おこな》うてこれを宜しくする、これを義と謂う。これに由って之《ゆ》く、これを道と謂う。己に足りて、外に待つことなき、これを徳と謂う」から始まり、全文一四二三字、その中に縷々《るる》と彼の真情を吐露した。その「原道」を星川清孝氏の解説（『古文眞宝後集』）を借りて要約すれば、ほぼつぎのようである。

「儒家の仁義道徳の説は、もとより明らかである。老子は仁義を小なるものとして非毀《ひき》したが、それはただ一個人の私言にすぎない。どうして天下の公言に勝つことができよう。孔子が没して後、秦の始皇帝が儒書を焚き、儒者を坑《あな》に埋めてから、儒家の道は明らかでなくなった。道家は先に唱え、仏家はその後を受け、その思想は漢魏六朝を経て愈々《いよいよ》さかんになり、人々は道家でなければ仏家にはいるというありさまであった。そのために儒家の説も強く道・仏の影響を受けて、人々は真の仁義道徳の説を学ぶことができなかった。しかし儒家の道はわかりやすく、行いやすい。自分のためにも、人に施しても、現実生活上最も必要な生活のための道なのである。それは堯舜以来先聖先哲の教え伝えてきた道である。これを明らかにするには、老・仏を除き去らねばならない」と。

❖大学と道統

以上で韓愈の意図するところは把握できたであろうが、それでは韓愈の存在意識はどこにあるか。

先に柳宗元を俎上《そじょう》にあげ、春秋への挑戦を通してその存在を検討したが、韓愈においては、後世宋の新儒学で大学が四書の一として顕彰される以前に、その大学を典拠として彼の論を展開し、大学の価値を再認識させたことを評価すべきであろう。

大学とは、もと五経の一である礼記に含まれていた一篇であるが、韓愈はその中の最も重要な部分を引用してつぎのように論述した。すなわち大学にいう。「古《いにしえ》の明徳を天下に明《あき》らかにせんと欲する者は、まず其の国を治む。其の国を治めんと欲する者は、まず其の家を斉《ととの》う。其の家を斉えんと欲する者は、まず其の身を修《おさ》む。其の身を修めんと欲する者は、まず其の心を正しくす。其の心を正しくせんと欲する者は、まず其の意を誠《まこと》にす」と。この一文をとりきたって彼はいう。「しからばすなわち古のいわゆる心を正しくし、意を誠にする者は、まさにもってなすあらんとするなり」と。すなわち「古の人がいうように心を正しくし意を誠にするものは、それによってなそうと思っていることがある。すなわち国を治め天下を平らかにしようとするのである」。

しかしいま老仏の説は、これを阻害する。そこで韓愈は、吾々の道とは何かを明確に提示する。

「曰く、この道とは何の道ぞや。曰く、これ吾のいわゆる道なり。さきのいわゆる老と仏との道にあらざるなり。堯はこれを以ってこれを舜に伝え、舜はこれを以ってこれを湯に伝え、

孟子

湯はこれを以ってこれを文・武・周公に伝え、文・武・周公はこれを孔子に伝え、孔子は孟軻《もうか》に伝う。軻の死するやその伝を得ず。荀（子）と楊《よう》（雄《ゆう》）とは、えらんで精《くわ》しからず。語りて詳《つまびらか》ならず」。

と。さすれば孟子以後とだえた道をどうすればいいか。それこそ老仏の教えを塞《ふさ》ぎ止め、先王の道を明らかにしなければならないと強調したのである。

　ここで韓愈に現われた第二の新しい意見は、先王の道が、堯・舜・禹から殷の湯王、周の文王・武王・周公旦《たん》へと伝わり、さらに孔子をへて、孟子に至って伝わらなくなったという考え方である。このような伝承を強調する考えを後世の儒学では道統と称し、朱子に至ってその観念は確立し、新儒学の主要な柱となったものであるが、すでに朱子よりはるか前の韓愈にその意見が見られたことは、注目すべきことであった。したがって朱子も、その著『孟子集註』の序説の中で、「韓子曰」として、この文をそのまま援用《えんよう》したのである。

　こうしてみると、宋代新儒学の先駆的存在としての韓愈の価値が、決して軽視できないものであるということがわかるであろう。そして韓愈の精神はさらにその弟子李翺《りこう》にも受け継がれる。李翺は人の聖なる所以のものを性となし、性を惑わすものを情として、情を滅ぼし、性に復るべき法を論じた『復性書』を著わしたが、その説には易・中庸・孟子などが引用され、その文献の選び方や思考の過程に宋代の新儒学への接近が強く感知されるのである。したがって欧陽脩が、その説を中庸の義疏《ぎそ》と決めつけたのは、もっともなことであった。ただし李翺が師の韓愈と相違する一点は、彼の説には仏教の影響が強く投影していることである。彼が朗州の刺史であった時、僧薬《やく》山に謁《えつ》して道を問い、「雲は青天に在り、水は瓶に在る」という偈《げ》を得て、薬山に心酔したという話が残っているが、李翺は進んで仏教の精神をとり入れて儒学の経典を解釈する方法をとった。このことは、また宋代の新儒学が仏教の深い影響のもとにあることを暗示するものといえないだろうか。

ともあれ　宋代新儒学を考えるには、柳宗元・韓愈・李翺などの存在は、その先駆者として欠かせぬものであることが知られるであろう。また彼らの思考の原典には、大学・中庸・孟子など宋代新儒学で四書として尊重された典籍がすでに強く意識されていたことに注目すべきであろう。

II

宋代の社会と新儒学

宋の新官僚階級

❖宋の中国統一

九六〇年、五代の後周にかわって宋を建国した太祖趙匡胤《ちょうきょういん》（在位九六〇～九七六）は、開封に都をおき、前後十余年の間に、つぎつぎと各地の独立政権を平定していった。最後に残った北漢と呉越も、二代目太宗によって征服され、九七九年ついに五代十国の政治的分裂も終止符がうたれて、宋による全中国の統一が完成されたのである。

しかしここにでき上がった新政権は、およそ隋唐の政権と様相を異にしたものだった。趙匡胤自身、かつて後周の募兵に応じ、武功によって立身した男であり、さらに外敵防衛のために陳橋《ちんきょう》に出陣した時、にわかに部下の兵士に擁立《ようりつ》されて開封に転進し、後周より国を奪ったのであるから、要するに五代以来の武力による政権樹立である。ここでは隋唐のような貴族勢力を背景にした支配層をあてにしていない。いやそのような門閥貴族こそ、彼ら新興武力集団の攻撃の的となって、すでに没落していた。そこでいざ新政権ができ上がってみると、今度は一番大きなガンというと、彼と同じような武力所有者である藩鎮《はんちん》の存在であった。太祖はまずこれら節度使などの対策に着手した。重臣趙普《ちょうふ》も太祖の意見にこたえていった。「唐末以来、戦闘やまず、国家安らかならざるは、要するに藩鎮の権重くして、君弱く、臣強きがために他ならぬ。これを治めるには、他の方法はない。唯《ただ》その権を奪い、銭穀を制し、精兵を収めるのみ。かくの如くすれば、天下はおのずから安泰ならん」と。まことに当時最も緊要な問題を指摘したのである。

宋の太祖

宋では、太祖・太宗の二代にわたって、節度使の権を弱めて、軍事・財政・民政の三権を中央に集中させ、地方勢力を解体して、君主独裁体制の確立につとめた。こうして旧来の門閥貴族にもたよらず、藩鎮勢力をも弱体化させた宋政権が、君主中心の中国統治を推進させてゆくためには、何を基盤としたらいいか。ここに官僚の存在が大きな意義を持ってくる。しかし官僚といっても、隋唐、あるいはそれ以前の時代のように、貴族の子弟を中心に、家柄や系譜を背景にした官僚ではない。全く新しい形の官僚層が出現してきた。すなわち、官僚の採用の仕方においても、また出身の地盤の面でも新しい様相が現われてきた。

❖科挙と新官僚階級

宋の太祖は、官僚採用の手段として、隋唐以来の科挙《かきょ》の制度を踏襲した。彼が建隆元年（九六〇）正月、皇帝即位を宣言したその翌月に、すでに進士一九名の合格を発表しているが、その後開宝六年（九七三）、試験官李昉《りぼう》が劣悪な同郷人を及第させたことが発覚し、また受験者の中からも今回の試験の不公平を直訴する者が出るに至って、太祖は科挙の改革にのり出したのである。こうして開宝八年、太祖は科挙合格者一同を講武殿に召集して、みずから覆試《ふくし》を行い及第者を決定した。それ以来、地方で行う郷試、中央の礼部で行う省試の後に、さらに皇帝自身が試験官となって行う殿試《でんし》が加えられることになった。

このことは科挙に重大な変革をもたらした。唐中期以後、科挙は礼部で行ったが、実際の任官に当たっては、吏部が改めて独自のテストをする。すなわち身（容貌）、言（言語）、書（筆跡）、判（判例用語）の試験をへなければ、官を与えられない。唐代を代表する詩文の大家、杜《と》甫《ほ》や韓愈もこの吏部の試験には大変苦しめられたものである。そこには試験官の愛憎によって左右される可能性もまた少なくない。それだけにこれに合格すると、試験官と合格者との間に親密な関係が生じ、ひいては派閥を構成するまでに至る。つまり貴族グループの種々の勢力の介入する余地が存するのである。

しかし今や皇帝がみずから出題し、皇帝の名において及第させ、合格発表と同時に叙官の沙汰さえ公表する。それは皇帝の恩恵でさえある。となれば科挙における皇帝の発言力はいよいよ強化され、最後の決定権は皇帝にあるということで、官僚と皇帝とが直接的に結ばれ皇帝の官僚という意識が明確化され、皇帝を中心とした官僚体制が一層強固となってきたのである。

このような科挙の変革を、宮崎市定博士はその著『科挙』の中で、つぎのように要約しておられる。

六朝唐の貴族制が破壊され尽《つ》くしたあとに、隆盛となった宋以後の科挙は、新しき時代的意味を有して現われた。唐代の科挙がややもすれば、衰頽《すいたい》に赴かんとする旧貴族制の補強工作たるの観がないではなかった。しかるに宋以後の科挙は、全然かかる傾向を離れてあくまでも天子に附随し、天子の独裁権力をたすけて、その駆使に供する忠実なる臣僚を生み出した。唐以前の貴族的大家族制は五代の間に崩壊して科挙によって無数の小貴族が輩出した。余はかかる新小貴族を士大夫と名づけて、唐以前の貴族と区別しようと思う。唐以前の貴族は、その血統門閥を自負するのみで必ずしも読書人ではなかった。しかるに宋以後の士大夫は、最低限科挙に応ずる文の学問を治めねばならず、最も程度の高い知識階級であった。

マックス=ウェーバー

と。すなわち士大夫とよばれる知識階級こそ新しく出現した新官僚階級なのである。

❖官僚と氏族

ところで、科挙に合格し、官僚としての道を歩むためには、きびしい勉学が要請せられる。その勉学にたえるには、経済的にも時間的にも十分な余裕がなければならない。そこで科挙に応ずる者は、おのずから恵まれた経済力のある地方富豪や地主層の子弟に限られてくる。こうして一たび科挙に及第して官僚を出した家は官戸と呼ばれ、種々の課税や義務が免除され、裁判の場合にも特別の恩典が認められるなど、多くの特権が与えられた。そのうえ官僚には莫大な役得があり、その財物を土地に投下して荘園を拡大して、さらに子弟の官僚化へとめざしたのである。その点をマックス=ウェーバーはつぎのように表現している。畏友木全徳雄訳の『儒教と道教』より紹介しよう。

　家産制国家においては、いつでもそうであるように、中国においても官吏は官吏として、また徴税請負人として、――そして官吏というものは実際に徴税請負人であったのだが、――資産蓄積の最良のチャンスを所有していた。退職した官吏たちは、多かれ少なかれ合法的に獲得したこれらの資産を地所に投資した。息子たちは、資力を維持するために、共同相続人として相続人共同体のなかに留まってさらにもう一度家族の二、三の成員に、つぎの可能性を得させるべく学問させる資金を工面した。その可能性とは、成員たちが収入の多い官職につき、そのことによってもう一度また成員たちの相続共同体を富ませ、成員たちの氏族仲間に官職を得させるという可能性であった。

こうしてウェーバーは、中国の官僚製造の背景に、氏族という組織が大きな意義を持つことを指摘する。彼はさらにいう。

中国においては、西洋中世においてすでに完全に消失したのも同然の氏族の意義が、もっと小さな単位の地方行政にとっても、経済的連合の方式にとっても、完全に維持されていた。それどころか、他の場所においては、たとえばインドにおいてさえも知られてなかったほどにまで発達してきたのであった。村落はしばしばそれらの村落内の独占的な、または圧倒的な代表であったところのある氏族の名で呼ばれた。そうでなければそれは氏族連合であった。

氏族は外に向かっては連帯的に団結した。氏族は、できれば成員の負債を解放してやるのがつねであった。氏族の内部では救難は、財産のある成員の道義的義務とみなされた。氏族は必要とあれば、外部に向かって私闘を行った。氏族は必要とあれば、薬剤と医者と葬式の世話をし、年寄りと未亡人のめんどう、なかんずく義塾のめんどうをみた。氏族には財産が、とりわけ土地財産（氏田・族田）があり、富裕な氏族のところには、しばしば広大な慈善用田（義荘）があった。氏族はこれらの族産を賃貸によって利用した。

氏族は、①個人にとって一番大切な祝祭の担当者でもあり、また家長によって記録される家族史の対象であり、②徒弟すなわち資金のない賃労働者に非常に安い金利で資本を貸付けて、独立の手工業者に高めるのは、現代に至るまで氏族の仕事と考えられており、③氏族の長老たちは、かれらが学問をする資格があるとみなした若者たちを選出して、科挙試験の準備、応試、および買官などの費用を得させたのであるから、明らかにこの氏族は、家計の扶養の自給自足、つまり強力な経済上の支えであり、また社会的には異郷とくに都市で生活する者をも含めた氏族成員の生存のための、唯一の望みの綱であった。

❖范仲淹の義荘

しかしながら、官僚と氏族・宗族などとの関係は、唐宋において必ずしも同様でない。宮崎博士は先に述べた文に続いて、つぎのようにいわれる。

唐以前の貴族は大家族を擁し、故郷において大土地を所有するか、さもなくば国郡付近において利権を獲得し、宗族が集中居住するを常とした。しかるに宋以後の士大夫は適当なる個所を選んで小家族に分れて田産を購《あがな》って定住した。特に宋の士大夫は、地方官となって官をやめたる土地に定着し、寄居《ききょ》と称せられた。故に宋代士大夫を出したる家は、従来維持し来《きた》った宗族集団居住を破壊して、近親すらも地方に分散する傾向をあらわした。近世の士大夫は、これを成立せしむる科挙が個人的才能を問題とする如く、任官して以後も個人主義的に行動して古来の宗族を分裂せしめたのであった。

かかる形勢の間に、士大夫となりながら意識的に古の宗族制度を維持せんとする傾向も起こった。宋初の范仲淹《はんちゅうえん》の考えがそれである。彼は原来《がんらい》貧賤の中に育ったが、その故郷において宗族を集め、自ら義田なるものを購い、これを宗族の共有財産ならしめた。この義田を中心として范氏の子孫は今も蘇州内にその集団居住を保っているという。その他にも家譜や氏譜がさかんに集められたが、それは中世の如く感情的排他的のものでなく、むしろ人工的、好奇的、もしくは打算的な一面があることを見逃してはならない。

范仲淹のつくった井戸

范仲淹（九八九～一〇五二）は、仁宗時代のいわゆる「慶暦《けいれき》の治《ち》」を代表する名臣であり、「天下を以って己が任となし、天下の憂に先んじて憂え、天下の楽しみに後《おく》れて楽しむ」といい、一身をかえりみなかった人物として知られるが、彼のように、五代宋初に貧賤の中から出て官僚となった新興階級こそ、まさにこの時代を象徴する存在であり、やがて彼らが新しい士大夫階級として、自己を中心とした宗族を再組織して、さらに新しい官僚を再生産してゆくのである。また有名な蘇軾や欧陽脩・楊億《ようおく》なども新興地主として新しい境地に資産を拡大し、彼らの地盤を構築した代表的な人々である。

それならば、范仲淹がこのように義荘をつくったり、蘇氏一族の蘇洵《そじゅん》が族譜を編集したり、司馬光が『司馬氏居家雑儀《きょかざつぎ》』と呼ぶ家訓を作成したのは、どのような意図のもとに行われたのであろうか。

❖宋代の家訓

中国では家族もしくは宗族の統制を強化し、族内の生活を規律する自治規範として、古くから家範・家訓・家規などがつくられた。北斉の顔氏家訓、唐代の柳玭《りゅうひ》の家訓などがそれである。

宋代になると司馬光の『司馬氏居家雑儀』のほか、趙鼎《ちょうてい》の『家訓筆録』、王栐《おうえい》の『燕翼貽謀《えんよくいぼう》録《ろく》』、葉夢得《ようむとく》の『石林家訓』、孫景修《そんけいしゅう》の『古今家誡』、袁采《えんさい》の『袁氏世範』などはこの類であり、さかんに家訓の類が作成された。

その意図は簡単にいえば族的結合を強化するためということだが、唐代までの社会は、いわば貴族支配の社会であり、門地を尊び、自己の家柄を傷つけないことを意識の中心において、族的結合を強化した。しかし宋代は宗族観念が弱まり、門閥意識がくずれてきた時代である。そのような時に族的結合を強化することを目的とした家訓作成や、宗族共済の義荘、族的組織を認識させる族譜などが、さかんにみられるのは何故だろうか。その解答の一つとして橘僕《たちばなしらき》氏の『支那社会研究』の一節を援用しよう。

唐末五代の戦乱から起こった社会的大動揺が、貴族支配を顚覆《てんぷく》せしめ、その後を受けた宋朝の建国者は、いわば支配階級のない社会を統治せねばならぬ状態におかれた。この空《くう》隙《げき》を満たしたものが、科挙による官僚群であり、時の経過とともに、自然みずからを支配階級たらしむるに至った。ところが封建及び貴族支配の時代には、族的結合として家族の上に宗族の権威があり、これが必然的にこれを保有する人又は家の政治的ないし社会的身分を決定するものであったのに反し、解放的なる官僚階級支配の時代にはいっては、宗族の階級的性質がほとんど失われ、前の時代には世襲身分又は階級の観念に重心をおいていた家族制度が、新しい時代にはいっては、何かこれにかわるべき基礎を得て、その社会的地位又は権力を維持する必要に逢着《ほうちゃく》したのである。このままでは、家族制度が大きく衰微せざるを得ない。それでは為政者の要求にそわない。

そこで、第一に為政者は伝統的なる家族及び家族制度を民間に普及し、かつこれを維持することによって、地方の治安を自動的に保たせようと期待した。第二に支配階級の文化的要求及び彼らの優越誇示の要求にそわない。彼ら支配階級はすなわち官僚階級であり、文化の荷負者であるが、いわゆる文化とは要するに礼教を保持することを大きな要綱としており、家族制度は礼教中の精華であると信ぜられていた。第三に被支配階級中の有産者が、その生活の安定をねがうために、家族及び家族制度の維持を要求する。

司馬光

この三つの要素は、宋以後成立した独裁君主制を中心として、官僚機構の安定を企図する上からの要求であり、またそれを支持する社会層の秩序維持の要求にも合致するものであって、ここに弱まりつつあった族的結合の意識的強化策としての規範の成立する根拠がある。

したがって新官僚階級を媒介として成立した規範は、直接の目的を収族《しゅうぞく》作用においている。少なくとも唐代までにみえるような門望《もんぼう》への執着、対外的な立場を意識した自己の家柄の誇示などは消失し、族内対策を主目的とし、家族・郷党・親友との平面的つながりを維持しようとする。こうして農村における土地支配を基盤として家族の分裂を阻止し、強固な結合を維持することによって、官僚社会の中での地位を維持しようとするのである。そのためには、日常の生活から、食事、田地の経営、借財に関するまでの細心な注意をはらい、一族の統制のためには、家訓・家範・家規の作成のみならず、一族の系譜を集めた族譜を編修し、さらに一族の相互扶助、睦親《ぼくしん》のための義荘や祭田の設置、祭祀の共同などが行われたのである。

❖家訓と新儒学

ところでその家訓の基準とする意識は、要するに家を斉えることにあった。司馬光の『居家雑儀』にいう。

凡そ家長となっては、必ず礼法を謹守し、もって子弟及家衆を御す。これを分つに職をもってし、これに授くるに事をもってす。しかもその成功を責め、財用の節を制す。入るを量って、もって出るを為し、家の有無を稱《はか》って、もって上下衣食及び吉凶の費を給す。皆品節あって均一ならざるはなし。冗費を裁省《さいせい》し、奢華《しゃか》を禁止し、常にすべからくやや嬴《えい》余《よ》（剰余《じょうよ》）を存し、もって不慮《ふりょ》に備うべし。

と。このような家長の責任と統制によって、家族を維持することこそ、家訓の中心問題であるが、その家族の団結と統制を端的に述べた言葉といえば、すぐに頭に浮んでくるのが四書の一

つ、大学に見える「修身、斉家、治国、平天下」の一節である。大学によれば、まず最初に、

大学の道は明徳を明すにあり。民を親にするにあり、至善に止まるにあり。

と三綱領を挙げ、さらに、

古の明徳を天下に明らかにせんと欲するものは、先ずその国を治む。その国を治めんと欲するものは、先ずその家を斉《ととの》う。その家を斉えんと欲するものは、先ずその身を修む。その身を修めんと欲するものは、先ずその心を正しくす。その心を正しくせんと欲するものは、先ずその意を誠にす。その意を誠にせんと欲するものは、先ずその知を致す。知を致すは、物に格《いた》るにあり。

といい、

天子より庶人に至るまで、一にこれ皆身を修むるを本とす。

と述べている。しかしこの八条目を考えてみると、格物、致知、誠意、正心、修身の五条目は、いずれもみな人間個人の精神的修養の道であり、個人の内省である。そしてつぎの斉家において、はじめて自己と他との関係が成立し、社会的規範が要請される。

これに対して治国と平天下は、かつて大学がつくられた時代とちがって、宋代では全く同一の意味を持つようになった。しかも独裁君主の時代となれば、治国・平天下は為政者の意志によっていろいろの形が見られ、具体的にかくあるべきであるという明確な規定をすることは困

難である。いや独裁君主としては、それを論じられることを好まぬであろう。それよりも、宋代以後の為政者は、国家の要請に応ずる個人を把握して、官僚に任ずることが第一であり、そのためには家なるものを為政者の願う方向にもってゆかねばならない。そこで為政者は強力に家を再編成して、崩壊してゆく家の族的結合をくいとめ、新しい社会を担うものにつくりかえることを期待した。このように斉家が宋代家訓の中心課題であり、またその家訓のおびただしい作成の事実によって、宋代家訓が何をめざしていたかを知ることができるであろう。

そしてその家訓に流れる考え方こそ、まさに宋代に成立した新儒学そのものでもあるといえるのである。それでは宋代の新儒学とは如何なるものだろうか。

新儒学の成立

❖道学

柳宗元や韓愈・李翺らによって開かれた道こそ、唐から宋への新しい展開を示す時代にふさわしい道であり、旧来の型にこだわった学問をすてて、人間形成の原理を求める開拓者の歩む道であった。その道は宋代にはいってどのように展開したのであろうか。

宋代の正史である『宋史』を開いてみると、宋代学者の伝記を集めた個所が二か所ある。一つは道学伝、もう一つが儒林伝である。このうち儒林伝は他の歴代正史にも見られるが、道学伝は宋史に独特のものである。では道学伝とは何か。早速その個所を開いてみると、つぎのようにいう。

道学の名は昔はなかった。三代の盛時には天子はこの道をもって政教となし、大臣百官はこの道をもって職業としていた。しかし文王・周公がすでに没し、孔子は徳があっても位がなく、この道のはたらきを世にゆきわたらせることができず、退いてその徒とともに礼

孔子（上）とその墓（下）

楽を定め、憲章を明らかにし、詩を刪《けず》り春秋を修め、易象を讃し墳典を討論して、聖人の道を無窮に昭《あき》らかならしめようとした。孔子が没して曽子ひとりその伝を得て、これを子思に伝え、孟子に及ぶ。孟子没して伝えるところがなかった。宋の中葉に至り周敦頤《しゅうとんい》が春《しょう》陵《りょう》に出て、聖賢不伝の学を得て『太極図説』と『通書』を作り、陰陽五行の理を推明したので、天に命あり、人に性あることが、掌を指すように明らかになった。張載《ちょうさい》は『西銘《せいめい》』を作り、理一分殊の理《ことわり》を極言したので、道の大原が天より出ることが灼然《しゃくぜん》として疑いもなくなった。（宋）仁宗の明道初年、程顥《ていこう》及び弟の頤が生まれ、長ずるに及んで業を周子に受け、聞く所を拡大し、大学・中庸の二篇を表章して、論語・孟子と並び行わしめた。こうして上は帝王伝心の奥より、下は初学入徳の門に至るまで、融通貫通してあます所がなくなった。宋が南渡するに及んで新安の朱熹は、程氏の正伝を得、その学は親切を加え、格物致知を先となし、明善誠身《めいぜんせいしん》を要となした。そこで詩書六芸の文と孔孟の遺言にして、秦火《しんか》に顚錯《てんさく》し、漢儒に支離し、魏晋六朝に幽沈《ゆうちん》していたものが、ここに至って煥然《かんぜん》として明らかとなり、秩然《ちつぜん》としてその所を得ることができた。これこそ宋儒の学が諸子をのり越えて、上孟氏に接するものといえるのではなかろうか。

と。これによれば、道学とは周敦頤・張載から二程子をへて朱子に至って大成せられた学問だということになる。そしてその道学こそ、堯舜禹《ぎょうしゅんう》や文王・周公の理想が孔子によって闡揚《せんよう》せられたものであり、さらに孟子以後絶えたのを、宋になって継承表章したのである。後世において、この学統を朱子学といい、また程朱の学といい、さらに宋学ともいって、宋代を代表する学問と解されるようになった。

❖大学派と在野派

しかしこのような道学の優位は、朱子の没後、朱子学が儒学の潮流の中でその地位を確立してから後のことであり、周敦頤や二程子の時代には、いまだ宋代新儒学の中でそれほどに確固たる勢力を持っていたわけではなかった。

たとえば、清の全祖望《ぜんそぼう》(一七〇五〜五五)は、『慶暦五先生書院記』の中で、宋の真宗・仁宗ごろにおける新儒学について、つぎのように説明している。「宋の真宗・仁宗の際は儒林の草昧《そうまい》である。当時濂渓《れんけい》(周敦頤)、洛陽(二程子)の徒まさに萠芽したものの、まだ出なかった。そして睢陽《きよう》の戚《せき》氏(同文、正素)は宋におり、泰山孫氏(復)は斉におり、安定胡氏(瑗《えん》)は呉におり、相ともに正学を講明し、自ら塵俗《じんぞく》の中から抜け出た。またたまたま賢者の朝廷に在るのに会う。安陽の韓琦《かんき》、高平の范仲淹、楽安の欧陽脩みな卓然として道の大概に見るところあり、左右相いたずさえた。そこで学校は四方にあまねく、師儒の道はもって立ち、李挺之《りていし》、邵天叟《しょうてんそう》などは、その経術をもってこれに和し、周濂渓・程子兄弟らの前茅《まえぶれ》といわれた」と。つまり、真宗・仁宗時代には、戚同文・孫復・胡瑗らが活躍し、韓琦・范仲淹・欧陽脩らがこれをもり立てていたもので、いまだ周・程らの学は儒学の主流とはなっていなかったのである。

これをまた別の表現で示されたのが宮崎市定博士である。博士はその著『科挙』の中でいう。「北宋中期以後の談経において、大学派の経義に対して、在野の新学派があり、周敦頤を祖として、程顥・程頤の兄弟あり、(中略)程氏の学は南宋にはいって宰相趙鼎の力によって大いに勢力を扶殖《ふしょく》した。もっとも趙鼎の政敵たる秦桧《しんかい》は、王安石の学統を引き、政治上に秦桧が勢力を占めると、学問の上でも程氏の学が抑圧を受けたが、後に朱子の出ずるに及んで、民間にゆるぎなき地盤を獲得し、南宋末に及んでは他の学派を圧倒して程朱の学がひとり栄えた」と。これによれば博士は周敦頤や程氏一派を在野の新学派と称し、それに対して真宗・仁宗時代に行われた経義の人々を大学派と称されたのである。それならば大学派とは、要するに全祖望のいう戚同文・孫復・胡瑗、あるいは范仲淹・欧陽脩など、北宋前期の学界をリードした人々を指すことになるであろう。

❖宋初の三先生

これらの人物のうち、宋代新儒学の基礎をきずいたと称せられる宋初の三先生は、注目すべき存在であった。三先生とは、胡瑗（安定）、孫復（泰山）、石介《せっかい》（徂徠）をいうが、彼らは共に泰山にあって読書につとめ、慶暦時代の学風を形成する上で、大きな力となった。

胡瑗（九九三〜一〇五九）は、隋唐以来、仕進《ししん》の間で文詞を尚《たっと》び、経業をわすれ、ただ禄利を追うばかりの風潮を憂え、蘇州や湖州の州学の教授となると、規則を厳格にし、大暑といえども常に正服を着けて率先した。また経の解釈に力をそそぎ懇々と諸生に伝えたが、とくに湖州の州学においては経義斎《けいぎさい》と治事斎《ちじさい》との二斎を設け、経義斎では経典の新解義を教え、治事斎では武事・水利・暦算など時務にふさわしい教育を行ったので、科挙に及第する門人が相つぎ、あたかも一大予備校の観があった。当時彼のもとに集まる学徒は千をもって数え、科挙及第者の一〇〇四、五は彼の弟子であったといわれる。後、胡瑗は太学に招かれて国子監直講となったが、四方からその門に集まる学生があまりにも多くて校舎に収容できず、かたわらの兵舎にまでひろげたという。胡瑗の教育は細かい所まで行きとどき、食事後は机によることを止めしめ、あるいは長く正坐した時は、習射《しゅうしゃ》・投壺《とうこ》などの運動を行って休息せしめた。また試験の後には諸生を肯善堂《こうぜんどう》に集めて、雅楽歌詩を合わせ、夜になって散会した。諸斎においても時には詩をうたい音楽を奏し、琴瑟《きんしつ》の声が外にまでひびいたといわれる。

胡瑗と同じく勉学精励し、太学において さかんに経学を講説した孫復（九九二～一〇五七）は、はじめ四たび進士の試験を受けたが及第できず、もっぱら泰山に住んで経学につとめた人である。彼は胡瑗と全く対照的な風格をもち、全祖望は二人を比較して、胡安定を冬日《とうじつ》の日に、孫泰山を夏日《かじつ》の日にたとえ、「安定は沈潜篤実《ちんせんとくじつ》、泰山は高明剛健《こうめいごうけん》」であると称している。また孫復の弟子石介（一〇〇五～四五）の書いた「泰山書院記」によれば、「先生（孫復）常におもえらく、孔子の心をつくすものは大易、孔子の用をつくすものは春秋、この二大経は聖人の極筆なり。治世の大法なり。故に易説六四篇、春秋尊王発微《はつび》一二篇をつくる」といっていることからみれば、孫復の本領は易と春秋にあったといえるであろう。それでは孫復の春秋研究とはどのようなものであるかを検討してみよう。

❖春秋から通鑑へ

唐代に啖助や趙匡・陸淳、さらに柳宗元らが堂々と春秋批判を展開したことは、すでに述べたとおりである。その傾向は宋代にはいってさらに進展をみた。孫復は唐の陸淳の説にもとづいて春秋尊王発微一二篇をつくり、古来の説から脱却して一家の意見を立てた。欧陽脩の撰した孫復の墓誌銘にも、「泰山（孫復）の春秋学は伝註に惑《まど》わされず、曲説をなして経を乱さず、その言葉は簡易で、春秋の諸侯大夫の功罪を明らかにして、もって時の盛衰を考え、王道の治乱をあらわし、経の本義を得ることが多い」といっている。孫復は春秋ばかりでなく、すべて経書を読むには、旧来の説のみによってはならないと主張した。彼の語に、「ただ王弼・韓康伯の説によって大易を求めるだけでは、大易を十分につくすことができない。ただ左氏・公羊・穀梁の説によって春秋を求めるだけでは、春秋を十分につくすことができない」と公言しているのは、注目に価するであろう。

孫復の弟子石介にも春秋説が受け継がれたが、孫復の墓誌銘を書いた欧陽脩にはまた春秋論三編があり、唐代の啖助・趙匡らの説を受けて、春秋三伝を信ぜず、その誤りを正し、春秋の本文をまねることにつとめた。欧陽脩の編纂した『五代史記（新五代史）』は、『史記』の文と春秋の法をたくみにまぜ、古文で思うままに書きあげた歴史書であり、まさに春秋にならって一字一句に意味をふくませた労作であった。欧陽脩は、春秋の真意は名を正し分を定め、是非善悪を明らかにすることにあると考えたのであり、ここに春秋の名分論を中心とする歴史主義が形成されることになったのである。

こうして春秋研究が三伝を超えて、本文そのものに迫るようになってくると、歴史を叙述する手法にも変化がおこり、春秋にならって、真に法となり戒となるものを、古今を貫通して沿《えん》革《かく》的にとりあげようとする傾向が生まれるのも当然である。司馬光の『資治通鑑』がまさにそれである。司馬光が治平二年（一〇六五）皇帝英宗の命を受けて編集に着手し、前後一九年の歳月をかけて、ようやく元豊七年（一〇八四）神宗に献上することができた『資治通鑑』は、紀元前四〇三年、韓・魏・趙が晋を滅ぼして自立し諸侯として認められた時、すなわち戦国のはじめから、凡そ千三百六十二年、五代の終わる後周の顕徳六年（九五九）までの事蹟を二九四巻にまとめた歴史書である。本書は「君主の治を資《たす》けるための帝王為政の鑑《かがみ》」という意味で、神宗から「資治通鑑」の名を賜わったが、さらに司馬光の意図には、歴代の史実を明らかにすることの中に、客観主義にもとづき大義名分、自然の褒貶《ほうへん》を表わそうと努力した点は、とくに注目すべきこ

欧陽脩

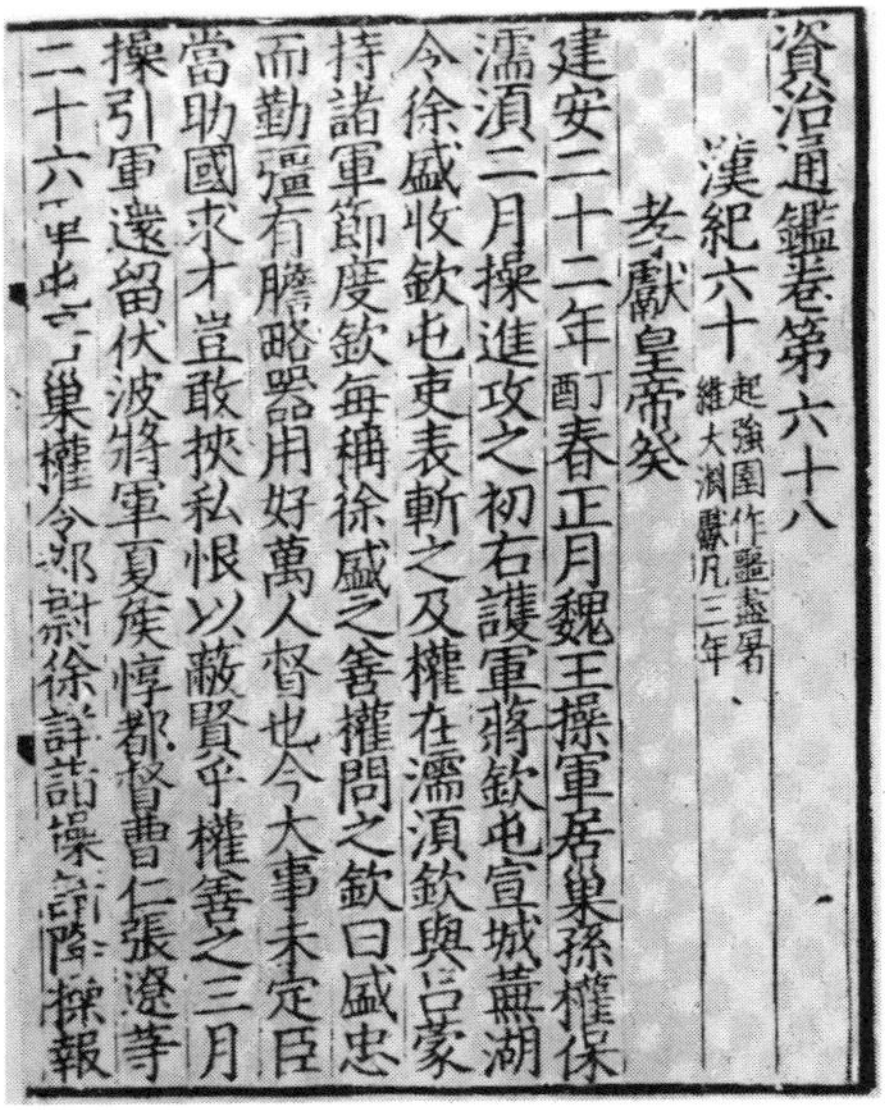
資治通鑑巻第六十八
漢紀六十 起強圉作噩盡屠維大淵獻凡三年
孝獻皇帝癸
建安二十二年丁酉春正月魏王操軍居巣孫權保
濡須二月操進攻之初右護軍蔣欽屯宣城蕪湖
令徐盛收欽屯吏表斬之及權在濡須欽與呂蒙
持諸軍節度欽毎稱徐盛之善權問之欽曰盛忠
而勤彊有膽略器用好萬人督也今大事未定臣
當助國求才豈敢挾私恨以蔽賢乎權善之三月
操引軍還留伏波將軍夏侯惇都督曹仁張遼等
二十六軍屯居巣權令都尉徐詳詣操請降操報

『資治通鑑』

とであろう。しかも先の欧陽脩に見られた正史の紀伝体をすてて、古史の形にかえって編年体を採用したことは、形式の上からもいよいよ、積極的にルネサンスを期したものであった。

こうして『資治通鑑』は、新しい時代の歴史書としての地位を獲得した。すでにできた当時から評判がよく、『資治通鑑』があれば他の正史はいらないともいわれたという。しかし、すべての人々に好意をもって受け入れられたわけではない。同時代の哲学者、程頤らの道学の徒は、『資治通鑑』の記載法を喜ばなかったと、吉川幸次郎博士は論述されている。けれども『資治通鑑』そのものが宋代の学問の潮流を背景に生まれたものとするならば、宋代士大夫の中でウエイトを増してゆく道学者との接近も当然密接になってくる。やがて宋代新儒学の総括者朱子が出て、『資治通鑑』と道学者との調和を成立せしめ、朱子の遺言によって『資治通鑑綱目』がつくられると、『資治通鑑』は士大夫必須の知識としての位置をしめ、『資治通鑑綱目』は朱子学の根本教科書となったのである。また『資治通鑑綱目』が春秋に見える大義名分の立場を忠実に史実で示そうとした点において、まさに唐代以来の春秋批判から展開した流れの当然の帰結であったといえるであろう。

❖大学と中庸

こうして新儒学形成の第一課題である春秋批判は、朱子の出現によって、道学者の中に一つの結実をみた。第二にとりあげてみたい問題は、道学者たちによって金科玉条とされるようになった四書が、全く彼らの手中において形成されたかということである。道学伝の中に「程顥及び弟の頤が生まれ、長ずるに及んで業を周子に受け、聞く所を拡大し、大学・中庸の二篇を表章して、論語・孟子と並び行わしめた」というように、大学・中庸・論語・孟子が果たして二程子時代に道学者たちの間にテキストとして定着したものだろうか。

大学と中庸は、いずれも五経の一つである礼記の一篇であり、大学は現存する礼記の第四二篇、中庸は第三一篇にあたる。漢代に編纂されたといわれる礼記のうち、中庸篇はすでに六朝の宋の戴顒《たいぎょう》が『礼記中庸伝』二巻を著わして、これを独立表章し、梁の武帝も『中庸講疏』一巻を著わして、中庸の価値が認識されていたようである。一方大学篇は唐代に至るまで特にこれをとり出して表章されたことはなかったが、先に述べた韓愈が「原道」を著わして、その中で大学篇の儒学上の意義を高く評価し、ようやくその存在が闡揚《せんよう》されるようになった。ついで韓愈の弟子李翺《りこう》は、『復性書』の中で「無慮無思、すべての動静が念頭から離れて、寂然不動、しかも天地を光照する境地」に至ることを述べ、その境地は、中庸の至誠、大学の格物致知、周易の寂然として動かざるものに通ずると説いている。こうして大学・中庸・易などにもとづいて展開された意見が、宋代新儒学発展への大きな足がかりとなったのである。

これらの文献は宋代にはいっていよいよ欠くことのできない重要なものとなった。先にみた胡瑗の著作に、『易伝』一〇巻、『周易口義』一二巻、『中庸義』一巻がある所からみて、彼の学問の中心は易と中庸であったし、また胡瑗や孫復を推挙した范仲淹は、戚同文に学び、ひろく六経に通じ、とくに易にくわしかったといい、かつて張載に中庸を授けたということから、彼の学問も易と中庸を中心にしたものであった。さらに宋の仁宗は、天聖五年（一〇二七）新しく及第した進士への賜宴《しえん》の時に中庸篇を下賜《かし》し、同八年（一〇三〇）には同じく新進士に大学篇を賜《たま》わり、爾後《じご》中庸または大学を下賜することが常例となったことは、宋政権が中庸・大学にもとづいて儒学教育を推進しようとする意図を持っていたことを示すものである。

また論語は終始五経には入れられなかったが、古くから孔子を知る手がかりとして尊重された。唐代には陸徳明の『論語音義』一巻ができて、やはり論語の定型化がみられたが、やがて韓愈が出て『論語筆解』一巻を著わしたことは、注目に価する。宋代になると太祖・太宗に仕えて宰相となった趙普について、つぎのような話が伝えられている。「普、はじめ吏道で知られたが、学問には弱かった。太祖は彼に読書することをすすめ、それより普はついに手より書物をはなさなかった。朝廷で大議があるたびに、わが室の戸を閉じて、みずから一箱を開き、一書をとり出してこれを閲読した。普のなくなった後、家人がその箱を開いてみると、それは論語であった。彼はかつて太宗に言った。臣に論語一部がある。その半部をもって太祖をたすけて天下を定め、他の半部でもって陛下（太宗）をたすけて太平を招いた」と。これは宋初における政治家の心得を示したものであり、論語がその時代にどのように扱われていたかを物語るものであろう。

周敦頤

❖周敦頤

以上のことからみると、宋代新儒学の背景には、易・中庸・大学、あるいは論語など、いわゆる道学者たちのテキストとなった諸文献が、すでに宋初からひろく学問の中心として利用されていたことを知るであろう。しかしこれが宋史道学伝にいうように、道学者たちによってたくみに活用され、その学問の主流となっていった点については、やはり周・程以来朱子に至る彼らの姿勢にかかわることであった。そこで周敦頤・程顥・程頤などについていよいよ説明を加える段階に至ったが、かれらについては古来多くの論著に詳細に述べられたことでもあるから、ここでは必要な事柄を簡単に述べることにしたい。

周敦頤（一〇一七〜七三）字は茂叔《もしゅく》、号を濂渓という。道州営道（湖南省道県）の人、二〇歳で将作監主簿に任ぜられたが、翌年母の喪に服し、二四歳で改めて洪州分寧（江西省修水県）主簿となり、その後江西・湖南・四川・広東など各地の役人を転任した。五五歳で病気のため南康軍（江西省星子県）の知事を最後に退官し、盧山のふもと濂渓書堂に隠棲したが、五七歳で世を去った。程顥・程頤が彼に学んだのは、江西の南安軍司理参軍の職にあるころであった。

周敦頤の代表的な著作は、『太極図説』と『通書』である。『太極図説』は、「無極にして太極、太極動いて陽を生ず。動極れば静、静にして陰を生ず。静極ればまた動き、一動一静、互いにその根となって陰に分れ陽に分れて両儀立つ。陽変じ陰合して、水火木金土を生じ、五気順布して四時行わる。五行は一陰陽なり。陰陽は一太極なり。太極は本より無極なり。五行の生ずるや、各々その性を一にし、無極の真、二五の精、妙を合《がっ》して凝《な》る。乾道男《けんどうだん》を成し坤道女《こんどうじょ》を成す。二気交々《こもごも》感じて万物を化生す。万物生々して変化窮りなし」という文章と、いわゆる太極図によって知られる。この図は宇宙の唯一の根元から万物が生成変化する理法を図示したもので、さらにその理法は人間道徳にも相応ずると考え、「人はその秀を得て最も霊、形すでに生じ、神は知を発す。五性感動して善悪分れ、万事出ず。聖人これを定むるに中正仁義を以ってし、静を主として人極を立つ」といって、究極には聖人の道を主張しようとしたものである。周敦頤の『太極図説』を見ると、易の「太極両儀を生じ、両儀四象を生ず」という考えをもとにし、陰陽五行説・老荘の説などを融合して説明したものと思われるが、その太極図には魏伯陽《ぎはくよう》の『参同契《さんどうけい》』や宗密《しゅうみつ》の『禅源所詮集都序《ぜんげんしょせんしゅうとじょ》』に見える図より受けた影響の少なくないことが考えられる。

ところで武内義雄博士はかつてこの図説の「静を主として人極を立つ」という言葉を展開してつぎのように述べられた。

> 静を主とするとは欲を去る意である。しかし欲を去るといっても、枯木死灰の如くあれという意ではない。欲にくらまされて自然の生成調和をやぶるなかれという意味で、積極的にいえば自ら偽らず誠であれという意である。そこで『通書』には「誠は無為なり」ともいい、「誠は五常の本にして百行の源なり」ともいっている。無為とは即静で、静と誠とは同じ心持ちを両面からいった語であろう。そうしてこの誠を力説しているのも、易伝と中庸から得た思想である。

と（『支那思想史』）。すなわち周敦頤のもう一つの書である『通書』で強調されていることは誠であり、『太極図説』や『通書』を総合すると周敦頤の宇宙論や道徳説は、要するに易と中庸を中心としてできあがっていることがわかるであろう。

張　載

❖張載

宋史道学伝には、周敦頤についで張載が挙げられている。張載（一〇二〇～七七）、字は子厚、その家はもともと大梁（河南省開封県）にあったが、父の張迪《ちょうてき》が仁宗朝に仕えて殿中丞《じょう》に任ぜられ、涪《ふ》州（四川省涪陵県）の知事となって任地に没するや、残された幼子たちは故郷に帰らず、鳳翔郿《ほうしょうび》県の横渠鎮《おうきょちん》（陝西省盩厔県）に移り住んだ。張載の号である横渠はその住地によったのである。

当時中国の西辺では、西夏の趙元昊《ちょうげんこう》（李元昊）の動きが活発となり宋を窺う形勢であったから、志気さかんな張載は兵略を論ずることを喜び、二一歳の時に、たまたま陝西招討副使として延州にあった范仲淹に上書して、自己の抱負を述べ功名を立てようと願った。ところが一見してその人物であることを察した范仲淹はいう。「儒者はおのずから名教の楽しむべきものがある。何も軍事にかぎらないではないか」と。そうして彼に中庸一冊を授けたが、これを機に張載は翻然と道に志ざすようになったといわれる。その後仏老にも心を向けたが、やがて嘉祐のはじめ洛陽に出て、親戚になる二程子と易を論じて、道学の要を語り、ついに異学を捨てて儒学に専念したのである。こうしてみると、范仲淹の一言が張載の運命を決定した重大な転機であり、その進むべき指標はまさに中庸にあったことは注目すべきことであろう。

三八歳で進士に合格した張載は、その後十余年間、祁《き》州の司法参軍や雲巌の県令など各地の官を歴任したが、熙寧《きねい》二年（一〇六九）神宗に召されて崇文院校書となった。しかし間もなく王安石と新法を論じて意見が対立し、ついに郷里に帰って学問に専念したのである。張載が崇文院校書に任ぜられたきっかけは、神宗から治道について問われた時の答えにあった。彼は論じた。「政治を為すには、夏殷周三代を手本にしなければ正道ではありません」と。また張載はみずから三代復活を念願し、古礼の復興につとめ、井田制再現を企図した。井田制復活こそ三代の治を実現する第一歩であると考えた張載は、門人らと計って土地を買い求め井田渠《せいでんきょ》を開き、実際に井田法にのっとる土地改革を志した。彼は、その実行が非常に困難であることを自覚していたけれども、現実への認識と将来への大きな夢を井田制復活に托していたのである。

井田法の画く夢は、土地均分の社会である。すでに唐から宋への社会において、いよいよ貧富の差、土地私有の拡大は顕著に見られ、地主はますますその土地を拡張しようとし、貧しい者はその下に隷属する。父の死後わずかな財産で生活し、また官をやめて後の生活も決して楽でなかった張載は、自らの体験の中から、民が均平の土地によって貧富平等になる社会を念願した。その希求が三代復興と結びついて井田法への模索に発展したものと思われるのである。

しかも、その前提には「民は吾が同胞、物は吾が与《とも》」という同胞主義が強く意識されていた。彼の『西銘』にいう。「乾《けん》を天と称し、坤《こん》を母と称す。予のこの藐焉《びょうえん》たる、すなわち渾然として中におる。故に天地の塞《さい》は吾が其の体、天地の帥《すい》は吾が其の性、民は吾が同胞、物は吾が与《とも》なり。大君は吾が父母宗子、其の大臣は宗子の家相なり。高年を尊ぶは、其の長を長とする所《ゆ》以《えん》、孤弱を慈《いつく》しむは其の幼を幼とする所以、聖は其の徳を合せる者、賢はその秀たる者なり。凡そ天下の疲癃残疾《ひりゅうざんしつ》、惸独鰥寡《けいどくかんか》は、皆、吾が兄弟の顛連《てんれん》して告ぐるなき者なり」と。ここから知られることは、まず天下国家を一家とみる家父長的社会意識であるが、彼の『経学理窟』や『正蒙《せいもう》』などにいうように、「利、民に利あるときは利というべく、身に利、国に利あるときは皆利に非ず」といい、また「民と究極する」という主張からみれば、彼の意識には人道主義的志向を内包し、強い同胞主義に支えられていたものと見られるのである。そう考えてくると、彼の主張が唐の柳宗元や韓愈と相通ずることを見出す。程顥はこの『西銘』を高く評価し、「秦漢以来学者未だ到らざる所」と述べ、韓愈の原道と比較し、「西銘はむしろ原道の宗祖ともいうべきである。と評したのは、まことにもっともなことである。後に朱子が創設した社倉法《しゃそうほう》の精神がこの『西銘』にあったといわれるように、道学の流れの上で周敦頤の『太極図説』とならんで、重要な文献とされたのである。

❖程顥と程頤

かつて張載と意見をかわした二程子とは、程顥・程頤の兄弟を指す。程顥（一〇三二～八五）字は伯淳《はくじゅん》、一般に明道先生で知られている。程氏は代々中山（江蘇省溧水県東十里）に住んでいたが、父の程珦《ていこう》が湖北黄州黄坡《こうは》県に勤務していた時、程顥が生まれ、その後父の転任先に伴われて移り、都の開封から河南の洛陽に居を移した。一五、六歳の時に、父のすすめで弟の程頤と共に周敦頤の教えを受けた。そして始めは科挙をきらって老釈諸家《ろうしゃくしょか》にも出入したが、ようやく二六歳で科挙に応じて合格し、陝西の鄠《こ》県主簿を振り出しに江南の上元県、河東の沢州・晋城などの地方官を歴任した。

神宗の熙寧のはじめ、御史中丞呂公著《ろこうちょ》の推薦によって太子中允《いん》権監察御史裏行となり、中央に出てしばしば神宗にその所信を述べ、帝の重用を受けた。しかしその説は治道の正当を論じたもので、一語も功利に及ばなかったので、時に政権を担当しようとする王安石と合わず、間もなく河北澶州の鎮寧軍判官に移った。たまたま黄河が曹村《そうそん》で決壊したので、その対策に身を挺して善処し大いに治績をあげた。その後、西京洛河竹木務、河南扶溝県知事、汝州の監酒税をつとめ、哲宗即位の後、中央に召されて宗正寺丞となったが、赴任する前ににわかに病を得てなくなった。

程顥（上）と程頤

およそ程顥の宇宙観・人生観は易と中庸にもとづくと見られる。彼は易の語を受けていう。天地の大徳を生という。「天地絪縕《いんうん》して万物化醇《かじゅん》す」と。すなわち宇宙の道を万物の生々と見た点は、先述の周敦頤と同じであるが、彼は陰陽二気を別々の存在と考えず、一つのものの消長と見た所に特色がある。そこで万物の差異は何によるか。程顥は「人と物とはただ気の偏正にあるのみ」といい、人の善悪賢愚も気稟《きりん》の偏正と解する。したがって気の偏正によって生じた悪は、修養によって帰せしむるとなし、私心と用智をすて、「廓然《かくぜん》大公、物来って順応する」ようにつとむべきであると主張した。この「廓然大公、物来順応」こそ程頤が張載に答えた「定性書」の眼目である。

程頤（一〇三三～一一〇七）は程顥の一つ違いの弟である。字は正叔、世に伊川先生と称せられる。二四歳の時に、父に従って首都汴京《べんけい》に出て、太学にはいったが、たまたま国子監直講の胡瑗（安定）が出した課題の「顔子の好む所は何の学か」に答えた意見は、胡瑗を驚嘆せしめた。その中にいっている、「聖人は学んで至るべし」の意見は、まさに程頤の本懐であり、また宋学の方向を端的に示すものであった。その後もっぱら学問につとめ、後進の指導に当たったが、やがて司馬光らの推挙を受けて崇政殿説書に任じられることとなった。程頤にとってはこれが最初の任官であり、時に五四歳のことである。これより程頤は幼帝哲宗の前で学を講じ、その傅育《ふいく》に努めたが、わずか一年有余で洛蜀二党の政争にまき込まれ、弾劾を受けて洛陽に移り、さらに四川涪州に流謫《るたく》せられた。七四歳で致仕し、翌年没したといわれる。

この程頤を兄の程顥と比較すると、その生活には大きな差異がある。程顥はすでに二十数歳で科挙に応じ、以来各地の官職を歴任した。しかし程頤はたまたま廷試の中止にも遭《あ》い、ついに科挙に応ぜず、初めて官職に就いたのは、すでに人生の半ばもすぎた時である。しかもその得意の時期はわずかに一年有余、その後はほとんどめぐまれない生涯となった。このように対照的な生活の差異と、二人の性格の相違はおのずからその考え方にも影響したであろう。人はいう、兄の程顥の学問的・思想的態度が渾一《こんいつ》的、直覚的であるのに対して弟の程頤は分析的であり、思弁的、論理的であると。すでに宋代に陸九淵はいっている。「元晦《げんかい》（朱熹）は伊川（程頤）に似、欽夫《きんぷ》（張栻《ちょうしょく》）は明道《めいどう》（程顥）に似る。伊川は蔽固《へいこ》深く、明道はかえって通疏」と。ここに二人の相違と後世に与えた影響を知ることができる。

程頤の学は、周敦頤・張載らと同じく周易・中庸・孟子・大学・論語などをもとにしたものであるが、特に彼の主張をあらわす言葉に「格物窮理」「居敬涵養《かんよう》」がある。格物とはすでに挙げた大学に見える八条目の一つで、格物、致知、誠意、正心より平天下に至る最初の条項である。程頤はいう。「格はなお窮《きわ》むるがごとし、物はなお理なり。なおその理を窮むるというがごときのみ。その理を窮めて、しかる後、もって知を致すに足る。窮めざれば則ち致す能わざるなり。物を格《きわ》むるは道に適《ゆ》く始めか。物を格めんと欲思すれば、則ち固《もとよ》りすでに道に近し、是れ何ぞや、その心を収めて放たざるをもってなり」と。また「事にしたがって理をみれば、天下の理得、天下の理得てしかるのち、もって聖人に至るべし。君子の学はまさにもって躬《み》をかえりみるのみ。躬をかえりみるは致知に在り。致知は格物なり」と。すなわち程頤は格物をもって、物の道理をきわめる意味と理解した。そして道にはいるためには、「居敬涵養」が相対的に要請される。

程頤はいう。「道に入るには、敬に如《し》くはなし。未だ能く知を致《きわ》めて、敬に在らざるものあらず」。「涵養はすべからく敬を用ゆべし。進学は則ち致知にあり」と。そして敬を主とするにはどうすればよいか。「おおよそ人心は二用すべからず。一事に用うれば則ち他事はさらに入る能わざる者は、事これが主となればなり。事これが主となれば思慮紛擾《ふんじょう》の患《うれえ》なし。もし敬を主とすればまたいずくんぞこの患あらんや。いわゆる敬とは一を主とするを敬というなり。いわゆる一とは適《ゆ》くことなきを一という」と。すなわち敬とは心を集中して、外にわずらわされない状態にしておくことである。そのためには視聴言動、みずからいましめ、正しい日常生活をする中に道を求めていくことが必要であるとする。これらの程頤の考えは、さらに朱子によって一層発展されて、いわゆる朱子学へと大成していったのである。

Ⅲ

朱子とその時代

朱子の出現

❖朱子の三先生

宋代の新儒学を大成したのは朱子である。朱子（一一三〇～一二〇〇）は本名を朱熹といい、字は元晦《げんかい》、のちに仲晦と改めた。また晦庵《かいあん》・晦翁・遯翁《とんおう》・考亭・紫陽《しよう》・雲谷老人《うんこくろうじん》・滄州病叟《そうしゅうびょうそう》などの号があり、文公とおくり名を受けたが、普通には尊称して朱子という。

ところで宋代の儒学を朱子学といい、また宋以来の儒学をも朱子学でもって代表させる観がある程、朱子によって大成された儒学は中国の近世において大きな流れを持っていた。したがって朱子についても古来幾多の先人がこれを論述している。しかしその多くは当然のことながら、朱子学大成者としての朱子を論述されたものであり、また宋代以来の儒学の概説の中で朱子をとりあげたものである。その点ともかく朱子に関する専著と名をうっている著作としては、昭和にはいってはニ年に出た秋月胤継《たねつぐ》氏の『朱子研究』、一一年の武内義雄氏の『朱子・陽明』、そして一八年に出た後藤俊瑞氏の『朱子』の三書に代表されるであろう。とりわけ最後の『朱子』は、朱子行状や朱子年譜をたくみに活用された労作であり、本稿も同書に負う所、また大きいものがある。

朱子の祖先はもともと徽《き》州の婺源《ぶげん》県（もとは安徽省、今は江西省）に住んでいたが、父の朱松《しゅしょう》（韋斎《いさい》）の時になって福建で役人となり、一家をあげて福建の政和県に移った。そののち南剣州尤渓《ゆうけい》県に転じたが、たまたま尤渓の鄭氏に仮寓《かぐう》していた時、朱子が生まれた。すなわち南宋の高宗の建炎四年（一一三〇）九月一五日である。

南宋の高宗

紹興《しょうこう》一三年（一一四三）、朱子一四歳の時に父朱松がなくなった。朱松の病が篤《あつ》くなった時、松はみずから家事万端を親友の劉子羽（小傅《しょうふ》、一〇九三～一一四二）に托し、また胡憲《こけん》（籍渓、一〇八六～一一六二）、劉勉之《りゅうべんし》（白水、一〇九一～一一四九）、劉子翬《りゅうしき》（屏山、一一〇一～四七）の三人にわかれを告げるとともに、朱子にいった。「胡憲・劉勉之・劉子翬の三人は私の親友で、学向に淵源《えんげん》があって、私が常に敬畏している人たちである。私の死んだ後はこの三人をたずねて行って、よく教えを受けよ」と。朱松の没後、劉子羽から彼の郷里崇安県五夫里に五間の家屋と、わずかの菜園養魚池を与えられた朱子は、その母を奉じてそこに移り住み、三先生に従って教えを受けることになった。

ところで朱子の父朱松は、かつて豫章の羅従彦《らじゅうげん》について学んでいたが、羅従彦は二程子の門人楊時《ようじ》（亀山）の流れをくんでいるので、朱松死没までの数年間、朱子はまず父より道学の第一歩を授けられた。さらに胡憲は、その従父胡安国に従って程氏の学を伝えたといわれるので、当時の朱子に道学の影響はさらに及んだものと思われ、中庸・論語・孟子などを通じて、儒家的教養を重ねたようである。しかし、劉子翬や胡憲はまた仏老を好み、甚だ禅に接近したので、朱子もまた仏老に興味を持ち、さらに文学・詩・兵法などあらゆるものに関心を向けた。一五、六歳のころ劉子翬の所で大慧宗杲《だいえそうこう》禅師に会い、その薫陶《くんとう》を受け、さらに一七、八歳の時にはその弟子開善道謙《かいぜんどうけん》禅師にも就いたといわれ、禅師に書面を送り、大慧禅師より狗子仏性《くしぶっしょう》の話を授けられたが、末だ悟入《ごにゅう》できぬといっている。朱子は一八歳の時、建州から選抜されて進士受験のため都に向かったが、その時篋中《きょうちゅう》にただ大慧語録一部だけであったという話は、その頃の朱子を物語る一端であろう。

❖官僚一年生

高宗の紹興一八年（一一四八）、一九歳で進士に及第した朱子は、三年後の二二歳の夏、はじめて左迪功郎《さてきこうろう》泉州同安県主簿に任ぜられ、二四歳の七月、金門島の対岸同安県に赴任した。これより彼の官僚生活が始まる。

朱子は赴任の途中、父の朱松と羅従彦のもとで親しかった延平の李侗《りとう》(一〇九三～一一六三)を訪ねた。爾来十余年にわたって李侗の薫陶を受けたが、朱子の思想形成に与えた李侗の影響は少なからぬものがある。すなわち三先生従学の時代に朱子の中にはいり込んだ禅学が、李侗との接触の間に徐々に変化してゆく。李侗は朱子がさかんに禅理に立って論述するのを聞いても、ただ静かに彼を受け入れ、その上で喜怒哀楽未発の気象を体認して天下の大本を知れば、道は日用人倫の間にあることを理会《りかい》できると説き、日用の間に工夫をなすには、一途に聖賢の語をみることであるとすすめた。それより朱子の儒学研究がいよいよ本物になっていった。

朱子が同安に赴任した二四歳の七月、長子の塾《じゅく》が生まれ、翌年次子埜《や》が生まれて、朱子の家庭生活もにぎやかになった。また同安においての最初の任務を、朱子は忠実につとめあげた。特に帳簿の点検を厳重にし、官吏の不正を防ぎ、納税期を告示して公平な収税につとめた。後藤俊瑞博士も紹介しておられるが、同安地方の土匪《どひ》防衛のため、県城の隅の空地に射場をつくり、部下に弓射の訓練をして、万一の備えとしたこともあった。

一方で朱子は同安県の教育・教化にもその精力を傾倒した。県内の俊秀な子弟を学校に入れ、学徳すぐれた人物を招いて教育に当たらせ、図書館を整理して経史閣と称し、学者の閲覧に供することにした。さらに孔子の祭典をととのえ、また地方の婚礼の法を定めて礼儀を正したのである。この在任中に朱子が学生職員に残した意見は、「同安県諭学者」、「論学生」、「諭諸職事」の三篇に見られるが、「同安県諭学者」には、「それ学は己のためにする所以なり。しかるに今の世、父のその子に詔《つ》ぐる所以、兄のその弟を勉《つと》めしむる所以、師のその弟子を教うる所以、弟子の学ぶ所以は、科挙の学を舎《お》きて、則ちなすなきなり」といい、利禄《りろく》のために学問をする時弊をついて、科挙を度外視して古人に学べと諭《さと》した。さらに「論学生」にいう。「学絶え道ほろびてより、今に至るまで千有余年、学校の官あり、教養の名ありて、これを教えこれを養うの実なし。……これ教うる者のあやまちなり、今講間の法を増修することは、蓋《けだ》し古の理義養心の術なり」と。ついで「諭諸職事」に「故に今講間の法を増修す。諸君子、それ心を専にし、思を致し、漸をもってこれを摩するあらんと務めよ。章句にひかるることなく、旧聞に滞《とどこお》ることなく、これをして飲食起居の間に正心誠意し、これによって聖賢の域に入る所以を知らしむることをはかれば、あに美ならずや」といい、漢唐以来の訓話にこだわって大義にくらい儒学を斥けて、正心誠意、聖賢の域にはいるようにつとめよと訓戒している。これによって、同安県主簿という官僚一年生の時に、すでに朱子の学問の方向がどのようなことをめざして実践に生かしているかが窺えるとともに、朱子が日用人倫の事を決しておろそかにしないという態度を持っていたことが知られるのである。

❖壬午応詔封事

紹興二六年（二七歳）の秋、同安県における三年の任期を満了した朱子は、故郷の五夫里に帰ることをのぞみ、翌年一一月ようやくなつかしい故郷の地にひきあげた。しかし豊かでない朱子は、老親を奉養する資にも事欠いたので、紹興二八年一一月、祠《し》を請い、一二月、潭州南嶽廟を監《かん》することを命ぜられた。祠を監する奉祠の官とは、全国にある道観の管理官で、必ずしもその所在地に赴任する必要のない名目的な官職であり、退職官吏や学者に対する優待の一つである。

紹興三二年六月、高宗は退位して上皇となり、太祖七世の孫孝宗が即位した。恒例により中外の士庶に詔して、時政の得失を求められた時、朱子は詔に応じて封事《ほうじ》をたてまつった。すなわち壬午《じんご》応詔封事と称せらるる一文である。その要点にはつぎの三項目が挙げられる。まず第一に帝王の学を熟講されること、すなわち帝がいたずらに記誦詞藻《きしょうしそう》の末に走るを戒め、虚無寂《きょむじゃく》滅《めつ》の仏老説に迷うことをいさめ、帝王の学は必ず格物致知を先として事物の変をきわめ、義理の存する所を明らかにすれば、おのずから意は誠に心は正しくなり、天下の務に応ずることができると論じたもので、帝王の道はまさに儒道によるべきことを主張したのである。第二には内を修め夷狄《いてき》を攘《はら》う策を決行することである。すなわち金は不倶戴天《ふぐたいてん》の仇であり、因循姑息《いんじゅんこそく》な和議をはかり、領土の返還を乞うなどはもってのほかで、堂々と力をたくわえ、わが力で領土をとりかえすべきであると論じた。第三には本原の地である朝廷を正し、忠臣賢士を採用して人材を適所に用うることをはかり、万民を安んじたまえと上奏したのである。

孝宗はこれを見て感動され、翌年春、彼を行在に召されたが、朱子は辞退した。しかしなお許しが出なかったので、一〇月に行在に至り、一一月六日、垂拱殿《すいきょ》で孝宗の問に答えたのが、癸未《きみ》垂拱殿奏劄《そうさつ》である。朱子は今回の答問の中で、前回の封事をさらに敷衍《ふえん》し、大学の道は格物にあり、もってその知を致すべきこと、君父の讎《あだ》を報ずべきこと、紀綱を立てるべきことを強調した。このことがあって間もなく朱子は武学博士待次に除せられ、乾道元年（一一六五）武学博士に就くことを促されたが、ついに朱子はその職に就かなかった。さらに、乾道三年、執政陳俊卿《ちんしゅんけい》や劉珙《りゅうきょう》などの推薦を受け、枢密院編修官待次となった。その後乾道九年に至るまで、再三再四、擢用《てきよう》の命があっても、そのたびに辞退して、決して中央の官に就くことを肯《がえ》じなかったのである。

❖岳飛と秦桧

朱子があくまで中央の官を辞退しつづけた理由は何か。もちろんそのつど、病気であったり、母の喪中であったり、いろいろと理由を述べているが、真の理由は、まさに彼の封事に示された主張にあらわされている。すなわち彼が第一に主張する大学の道こそまさに儒道であるという点は後にくわしく述べるとして、第二にいう金は不倶戴天の仇であり、和議は絶対に排除すべきであるとする主張が、当時の中央政界における大きな課題であったのである。

宋金関係の頂点はいわゆる靖康《せいこう》の変であった。靖康元年（一一二六）激しい金軍の攻撃の前に、宋の首都開封は陥落した。ついで翌年三月、徽宗、欽宗の二帝をはじめ一族、廷臣たち千二百余人が、遠く満州の奥地五国城へと連れ去られた。そこで幸いにも開封を逃れていた欽宗の弟康王は、南京で帝位につき、建炎元年（一一二七）と改元した。すなわち南宋の高宗である。

岳飛

高宗は建炎三年、杭州に落着いて、ここを行在と称したが、彼に課せられた緊急の課題は対金政策であった。建炎四年、金から帰ってきた秦桧《しんかい》は、金の情勢にくわしいということで高宗の信任を受け、数年後には宰相に成り上がり、ひそかに金の有力者と連絡をとって和平の交渉を進めていた。

一方南宋国内では金にあくまで抗戦しようという岳飛《がくひ》などの主戦派の勢いも、あなどりがたいものであった。こうして和議派と主戦派が入りみだれ、南宋の前途は多難であったが、老獪な秦桧はたくみに岳飛らの一味をおとし入れ、獄に投じて毒殺し、ついに紹興一一年（一一四二）、宋にとって屈辱的な条件で、両国の講和条約が成立したのである。

こうして一応の安定が保たれた宋金の関係は、金の支配者海陵王《かいりょう》の出現によって大きく崩れることになった。彼は紹興三二年（一一六一）、みずから大軍を指揮して、南宋領内に侵入した。驚いた南宋側では、揚子江（長江）岸の采石磯《さいせきき》でこれを迎え撃ったが、必死で奮戦する南宋側は、はじめて火薬を用い、激戦の末ついに金軍を撃破することに成功した。一方破れた金では海陵王への不満が爆発し、かねて海陵王に反対する保守派は従弟の世宗を擁立するとともに、戦陣にあった海陵王は反乱を起こした兵士に殺害されて、この一戦はやっと一応の結末を告げることになった。新しく即位した世宗は、都を燕京に置くとともに、宋との国交を回復しようと講和を申し入れた。宋では采石磯の大勝に勢いを得て、さらに金を撃ち、一気に故土を回復すべしという意見と、この際慎重に和議を結んで事態を収拾すべきであるとの和戦二つの主張がはなばなしくかわされた。このような情勢の中で、朱子の壬午応詔封事が出されたのである。

❖乾道の和議

金の和議申し入れに紛糾する宋の朝廷では、高宗が帝位を養子の孝宗に譲って、事態の収拾をはからせることにした。彼は三六歳という働き盛りで、金に対しても強硬意見を持っていたので、金軍の北帰に乗じ陝西・河南・淮北の諸州を復し、老将張浚《ちょうしゅん》を起用して中原の回復をはかろうとしたが失敗した。一方宮廷内の和議論者はここぞとばかりに講和を主張し、金の世宗の申し入れに応じて、ついに乾道元年（一一六五）、宋金の講和条約を結ばしめたのである。

このような事態の中で、紹興三二年に奏上《そうじょう》した朱子の壬午応詔封事は、まさに孝宗の意にかなったものだった。そこで帝は再度翌年に朱子を行在に召し、垂拱殿で奏劄せしめ、武学博士待次の命をくだしたのである。しかし、宋の朝廷ではあまりにも和議論者が幅をきかしていた。今回の宋金の条約では、秦桧の結んだ条約にくらべると、金宋の関係が君臣から叔姪《しゅくてつ》にと緩和され、従来の歳貢銀絹各二五万が歳幣各二〇万に軽減されたけれども、両国の国境は従来通りで、屈辱的な状態であることには全くかわりがなかった。このような状態は朱子にとって全く我慢のできぬことであり、また宮廷にはびこる和議論者の横行も、朱子の目には許すべからざる存在であった。そこで彼の封奏では金への復仇と人材の登用という主張が強調されたのであり、またこのような彼の意見の生かされない中央官界には、あくまでも仕えないという彼の態度が出てくるのである。

朱子のその姿勢は、乾道元年、三六歳の時につくった「戊午讜議序《ぼごとうぎじょ》」にも通ずる。朱子は魏《ぎ》元履《げんり》が叙次《じょじ》した戊午讜議に序をつくったが、戊午讜議とはかつて父の朱松らが秦桧に抵抗した出来事を指す。すなわち紹興八年一一月、高宗が群臣に講和の得失を議せしめた時、張燾《ちょうとう》はじめ晏敦復《あんとんふく》、李彌遜《りみそん》や、御史方廷実《ほうていじつ》、あるいは館職の胡珵《こけい》、朱松らが上書して、講和の不可を極論したのである。時に枢密院編修官であった胡銓《こせん》も上書して直諫《ちょっかん》し、「和議を主張する王倫・秦桧を斬るべし」とまで主張した。しかしすでに勢力を固めた秦桧らは、これらの主戦派をつぎつぎと追放した。朱松も秦桧に追われて饒州の知を命ぜられたが、その任を快しとせず、奉祠の官を請い、台州崇道観の主管に充てられ、三年の後、四七歳で没したのである。

このような秦桧より受けた父朱松の悲運は、当時すでに一〇歳をすぎた朱子にとって、まことにたえがたい痛撃であったことと思われる。そして今や、秦桧の結んだ和議と同じような和議が結ばれたのである。朱子の悲しき追憶は、また秦桧への憤激となり、秦桧がかって和議を主張して君父の仇を報じなかった罪を激しく痛論し、その激情がこり固まって、この序に凝集されたのである。

朱子の学術と社会政策

❖奉祀の官

乾道九年（一一七三）夏五月、四四歳の朱子に聖旨がくだった。今まで再三再四擢用しようという命を辞退してきたのに対し、「貧に安んじ、道を守ること、その廉退《れんたい》はまことに嘉《よみ》すべきものである」と賞《ほ》め、改めて台州崇道観の主管に任ずるとの恩命であった。台州は浙江省臨海県にあり、格式の低からざる道観である。またかつて父の朱松も晩年に奉祀した所であったが、この地が畿内に属し、京官に準ずることになるという点で、朱子にとってはやはり辞退の気持を強くしたのである。だが今回の恩命は固く、彼もついに翌年（淳熙《じゅんき》元年）六月その命を受けることになった。そのように朱子に与えられた特典の背景には、すでに郷里における朱子の社会活動、あるいは朱子の学問に対する名声がとみに高まり、彼を推薦する者が宮廷にも少なからず存在したことを看過してはならないであろう。

淳熙二年（一一七五）、孝宗は廉退の士を推挙せしめて風俗を励まそうと欲せられた。執政の龔茂良《きょうもりょう》は朱子を推薦し、尚書省秘書郎に任ぜられたいと奏上した。しかし朱子の辞意は固く、結局、翌淳熙三年（朱子四七歳）、改めて武夷山沖祐観《ぶいざんちゅうゆうかん》を主管せしめるとの命が下った。武夷山は福建崇安県の南方にある山で、朱子の郷里に近い所である。

ところが淳熙五年（一一七八）、朱子四九歳の時、宰相史浩《しこう》は是非朱子を起用しようと考え、江西南康軍の知に任ぜられることになった。朱子は例によって再三辞退したが許されず、親友呂祖謙《ろそけん》や張栻も強くすすめたので、意を決した朱子は、翌春正月家を離れ、三月に任地に到着した。この知南康軍への就任は朱子にとって第二の大きな転機であった。かつて紹興二三年（二四歳）、泉州同安県主簿に任ぜられて、三年の勤めを終えて後は、一度も官僚の実務につかなかった朱子が、二〇年ぶりに南康軍の知に就任したのである。その間もっぱら家居して、聖賢の書を楽しみ、書を著わして研讃につとめ、その名声はすでに世間にひろまっていたが、いよいよ朱子のその実力を再び活用される時が来たのである。

❖知南康軍

南康軍は鄱陽湖《はようこ》の東北部、星子県を中心に永修、都昌の三県を管轄していたが、土地はやせ、民は少なく、税役も煩重《はんじゅう》であった。朱子は任地に着くと、早速利を興し、害を除き、民生の安定につとめた。すでに星子県の課税負担が限界にあるのをみて、まず星子県の税銭の減免を奏請し、三県の木炭納入額の過重に対しては、第三等の戸は一概にその額を減じ、一、二等の戸は旧によって納入することを申請した。たまたま星子県に旱害《かんがい》があり、秋には大減収となったので、朱子は貧民に諭して、他郷に流移することを止め、相互に救済せしめ、余米のあるものは普通値で提供させて村を救い、転運常平《てんうんじょうへい》の銭米をもって賑済《しんさい》に備えることを奏請した。また港をふさいで糴米《てきまい》の移入を防害する者は厳重に罰し、官銭二万四千余貫と糴米一万一千余石を借り受けて賑糶《しんちょう》に備え、富豪からは米一万九千石を提供せしめて飢民を救済した。さらに今年の夏税のうち、未納の分はそのままにして、来年の蚕麦《さんばく》の収穫をまって新税と共に納入せしめることにした。とくに三県に合計三五か所の米穀配給所を設け、飢民に米を配ったので、これによって助けられる者、二十数万にのぼり、民生の安定に大いに役立ったのである。

朱子が力を入れたもう一つの分野は、風俗を敦化《とんか》し、教育を充実することであった。朱子は士人・郷人・父老に命じて時々集会して子弟を教戒し、父兄長上に仕え、郷隣和睦し、有無相通じ患難相あわれむ道を教えしめ、郷里の父老をして子弟を選んで学校に入れさせて、教育を推進せしめ、朱子自らも五日目毎《ごと》に学校に出て、学生のために講説につとめた。さらに郡内の忠臣・烈士・孝子・節婦らの遺跡を調査してこれを顕彰し、また隠れた人々を探求して教化の実を挙げることに努力した。たとえば唐代に孝子として旌表《せひょう》せられた宜春県丞熊仁贍《ぎしゅんけんじょうゆうじんせん》の旧墓を修復し、また宋代高節の士として欧陽脩から賞讃の辞を受けた劉渙《りゅうかん》の墓を、城の西門外の草むらの中に発見して、その門牆《もんしょう》を修復し、欧陽脩の語にちなんでその亭を壮節と名づけた。さらに東晋の名将であった侍中太尉陶侃《とうかん》の遺跡、廟宇を調査し、その廟額を賜わるように上奏したのである。

ここで特に注目すべきことは、周敦頤の祠を学内に建て、これに二程子を配してまつったこと、また白鹿洞書院を復興したことであろう。周敦頤は晩年病を得てから、のぞんで南康軍の知となり、廬山蓮花峯《れんかほう》のふもとに濂渓書堂を建てて住んだ。朱子にとって直接の師というには時代がへだたってはいるが、朱子が最も傾倒した師李侗からさかのぼれば、羅従彦（豫章）、楊時、二程子から周敦頤に至りつくことができる。朱子に知南康軍の命がくだった時、まず彼について思い出されたのは、周敦頤との因縁ではなかろうか。彼の記録には、その点については何も物語っていないが、二〇年にわたる家居生活から、再び実務への重い腰をあげさせたのは、まさに周敦頤の最後の地であった知南康軍という職に対する魅力が、彼の決意を促したものではないかと思うのである。したがって朱子が任地に着くや、直ちに本郡の忠臣烈士などの遺跡調査を命じた中に、「周濂渓先生がかつて本軍に知となったが、軍学に先生の祠を建立したことがあるかどうか」の一項が示されており、それに従って周敦頤の祠を学校に建て、二程子を合祠《ごうし》することにしたのである。

❖家居二〇年

それでは朱子がどうして周敦頤と二程子をとくに軍学に合祠するに至ったかをさらに考えてみよう。それには朱子が同安県主簿を辞して故郷に帰ってから、再び知南康軍となるまでの彼の学術を検討する必要がある。朱子は二八歳で故郷に帰ってより、再三再四の起用に応ぜず、もっぱら奉祠の官として終始した。しかしこの間、心を述作に傾け、多数の著作を残したのである。武内義雄博士は、朱子の著作からその研究対象を区分して、四六歳の『近思録』の編纂までを第一期と考え、この時期の学問は北宋先儒の著作編纂と注解に終始し、四八歳から六〇歳までを第二期と見て、論孟学庸の注釈が中心となっており、六一歳以後の第三期は五経、とくに礼書の整理が中心であったと考えられている。まさにその第一期に当たるわけである。

それでは朱子の主要な著作からみればどうか。まず初期のものとしては、紹興二九年（三〇歳）の『謝上蔡《しゃじょうさい》語録《ごろく》』三巻の編校がある。謝上蔡とは程門の四先生の一人といわれた謝良佐《しゃりょうさ》（一〇五〇～一一〇三）であるが、その語を曽恬《そてん》及び胡安国が集め、これを朱子が三巻に編成した。胡安国は春秋の研究者であるが、また程門の謝上蔡や楊時とも親しく、朱子の恩師の一人胡憲の従父であり、胡憲は胡安国より程氏の学を伝えられたといわれ、朱子にとってはまず恩師の衣鉢《いはつ》を継ぐ第一の仕事であった訳である。

その後、隆興元年（三四歳）に『論語要義』、『論語訓蒙口義』ができた。さらに乾道四年（三九歳）、『二程全書』を編し、同八年（四三歳）、『論孟精義』、『通鑑綱目』、『八朝名臣言行録』、『西銘解義』をつくり、同九年（四四歳）、『太極図説解』、『通書解』、『伊洛淵源録』、『程氏外書』が成り、淳熙二年（四六歳）、呂祖謙とともに『近思録』が編纂されたのである。これによると三〇代の著作は、まず『論語要義』、『論語訓蒙口義』ということになる。今日この二書は伝わっていないが、『朱子文集』七五に残る『論語要義』の序には、「宋に至って江南の二程先生は、孟子以来不伝の学を起こし、常に論語を用いて人を教導された。自分も一三、四歳の時に亡父からその説を受けたが、まだ大義に通じ得ない前に父に別れ、その後諸家の説を集めて一書を編纂してみたが、矛盾だらけで要領を得ない。そこで隆興元年、一、二の友人とともにこれを刪定《さんてい》して程氏の説を残した」といい、『訓蒙口義』は『論語要義』編纂の後、初学者のために編纂したもので、註疏によって訓詁を通じ、釈文によって音を正し、諸老先生の説を集めて童蒙の便を計ったものだというのである。この論語研究がさらに四三歳に至って『論孟精義』三四巻に発展した。この書は二程子その他の一二家の説を集めたもので、『論語要義』を修補改題した上『孟子精義』を補ったものといわれており、朱子の論語研究にさらに孟子研究が加えられていったことを知るのである。

こうしてみると、三〇代には論語研究に一つの目標をおいていたことがわかるが、その研究の手掛りは二程の学であった。そして二程子への傾倒は、やがて三九歳における『二程全書』編成となって結実する。ついで四三歳に至って張載の『西銘』に解義をつくり、四四歳の時に、周敦頤の『太極図説』や『通書』に解を加えた。つまりその著作の順に従えば、朱子の心の軌跡は、二程子から張載、周敦頤へと進んでいったと見られるのである。

❖『近思録』と白鹿洞書院

もちろん、朱子の学問の進展を、これだけの著作から把握することはいささか早計かも知れない。友枝龍太郎氏もいわれるように（講座東洋思想2）、朱子は三四歳ごろより張栻との交友を持ち、その影響が少なくないことも忘れてはならないであろう。さらに四〇歳の春、蔡季通《さいきつう》（一一三八〜九八）と講論した中に、張拭説の不備に気づいて、心意識の問題については程頤の居敬涵養、格物致知によって統一を求め已発《きはつ》未発《みはつ》説を説いたが、それに加えて程頤を核として周敦頤の『太極図説解』、張載の『西銘解』が書かれたという意見も尊重すべきことである。

ともかく若い頃の禅学から、李侗・張栻の影響を受けた朱子の心の軌跡は、四〇歳に至って程頤、張載、周敦頤の学を包括して完成した。それが淳熙二年の『近思録』に集約される。当時朱子と心を許し合った友に呂祖謙がいた。呂祖謙は浙江婺《ぶ》州（金華）の人で、朱子と共に胡憲に学んだ一人である。淳熙二年四月、浙江省東陽からはるばる朱子を訪ねてきた呂祖謙は、寒泉精舎《かんせんしょうじゃ》で滞在すること約一〇日、二人は力を合わせて『近思録』を編纂した。その序に朱子はこう書いている。「あいともに周子、程子、張子の書を読み、その広大閎博《こうはく》、果てしのないような感じに歎じ、初学者がはいるところを知らないであろうことをおそれる。そこでその大体に関し、日用に必要なるものを取りまとめてこの編を作る。総計六二〇條、一四巻に分つ」と。すなわち本書は朱子が周敦頤、張載、程顥、程頤の研究に傾倒した最後の成果であった訳である。こうして朱子における学問の遍歴をたどってみると、知南康軍において、彼が積極的に周敦頤の祠を建て、これに二程子を配した心情が十分に察知できるであろう。

ところで朱子が南康軍において残したもう一つの成果は、白鹿洞書院の修復である。朱子の治政の眼目は教育の振興であったが、南康軍には、かつて唐の隠士《いんし》李渤《りぼつ》が隠居してつくった白鹿洞がある。五代十国の南唐では、ここに学校を建て廬山国学と称し盛行したが、宋でも書院を設け、九経を下賜し、地方子弟の教育に充てた。しかし南宋初めにはすでに荒廃して忘れられた存在となっていたが、たまたま朱子が境内巡視の際、この廃址を見出すと、その復興に力をそそぎ、みずから院長となって子弟の教育に当たったのである。朱子はその教育方針を白鹿洞書院掲示として残したが、その中に「父子親あり、君臣義あり、夫婦別あり、長幼序あり、朋友信あり」とまず孟子の文中より五項目を選んで示し、以下学問をすすめるにはどうあるべきかを中庸、論語、易伝などから援用して説明した上、学問は人倫にもとづいて義理を講明し、

白鹿洞書院

もってその身を修め、その後推して人に及ぼすもので、記覧《きらん》につとめ、詞章《ししょう》をつくって声名を釣り、利禄をとるものではないといい、彼の教育理念を端的に吐露したものであった。

❖庚子応詔封事

南康の荒政に対する朱子の治績は、大きな成果を挙げた。これによって朱子がただ書斎にとじこもって世間に全く無知な人物でないことが実証された。いや朱子にとっては日用人倫の場における実践が、彼の儒学の顕現であった。そして現実の政治の場において、どうにもならない問題の根本原因は何かと追求する。そこから彼の遠慮会釈のない政治批判が生まれてくる。淳熙七年（一一八〇）、五一歳の夏たまたまひどい旱害がおこったので、民状を報告せよとの勅令が広く監司郡守に降された。朱子も詔に応じて時弊を論じたのが、いわゆる庚子《こうし》応詔封事である。朱子はいう。

天下の大務は民を恤《あわれ》むより大なるものはありません。民を恤む本《もと》は、また人君が心術を正して紀綱を立てたまうことでございます。思いますに、天下の紀綱はみずから立つことはできません。必ず人主の心術が公平正大で、偏党反側の私がない場合に、はじめて紀綱が立つものです。君心はまたみずから正しくはあり得ません。必ず賢臣を親しみ、小人を遠ざけ、義理を明らかにし、私邪の路をふさいで後、はじめて正しくなります。今宰相台省師傅《しふ》賓友諫諍《ひんゆうかんじょう》の臣は皆その職責を果たさず、陛下の親密謀議されるところは、一、二の近習の臣にすぎません。この連中は陛下の心を蠱惑《こわく》し、士大夫の利を嗜《たし》なみ恥なき者を招集し、陛下の財を盗んで賄賂を通じ、陛下の権をぬすんで卿将を任命いたします。しかも陛下の宰相師傅らもその門に出入し、また一言も彼を排斥いたしません。したがって陛下の独断と申しましても、実はこの一、二の者が陰にその権をとっているので、これこそ陛下の紀綱を破るものでございます。

と。まことに堂々と時の政治の欠陥を指摘したのである。もちろん辞任を覚悟していた朱子は、病気を理由に祠を乞うた。これを読まれた帝は大層激怒されたが、二、三の重臣たちのとりなしによって事なきを得た。

間もなく南康軍の任期も終わりに近づいた。淳熙八年閏三月、五二歳の春になって南康軍を去り、郷里に帰った朱子に対して、提挙江西常平茶塩公事《ていきょこうせいじょうへいちゃえんこうじ》の命が下った。ところがその秋になって、南康軍の功績を賞して、直秘閣《ちょくひかく》に除せられることになった。彼は強く辞退した。たまたま浙東地方に大飢饉があり、災害もまた甚しかったので、宰相王淮《おうわい》は朱子を推薦し、提挙浙東常平茶塩公事に任ぜられるに至った。朱子はさしせまった事態を見て、急遽任地へ赴くことになった。

❖浙東の治績

朱子は赴任の途中、他郡から米商を募集し、その租税を免除したので、たちまちのうちに米舟が集まったという。任地に着くと、みずから軽車に乗って境内をかけめぐり、深山窮谷まで分け入って民情を視察し、寝食を忘れて治政につとめた。

朱子はまた管内における官僚の勤務状態を調査し、不良官僚をきびしく摘発した。紹興府兵馬都監賈祐之《かゆうし》を飢民救済に不熱心として奏劾《そうがい》し、同じく紹興府の密克勤《みっこくきん》を官米ごまかしの罪で弾劾した。また衢《く》州知事の李嶧《りえき》は、人民の災害を過少報告してほとんど減税を行わない罪で、あるいは張大声《ちょうたいせい》や孫孜《そんし》らは衢州知事の意を受けて高税を課した罪で、いずれも朱子によって奏劾された。さらに江山県知事王執中《おうしっちゅう》や、寧海県知事王辟綱《おうへきこう》の職務怠慢も摘発を受けたのである。したがって境内の郡県の官吏はその風采をはばかり、自らおそれ謹んだので、粛然《しゅくぜん》としてよく治まった。帝は宰相王淮にいった。「朱熹の政治はなかなかみるべきものがある」と。

淳熙九年（一一八二）五三歳の夏旱害があり、秋には蝗害《こうがい》にみまわれた。朱子は境内を巡歴しているうちに、台州の前知事唐仲友《とうちゅうゆう》の不法を発見し、その罪科数十条を奏劾した。ところが唐仲友は宰相王淮と同郷であったばかりでなく、その弟は王淮の妹を娶り、姻戚でもあったので、王淮は朱子の奏劾を差しおさえ、唐仲友もまたさかんに自己弁護につとめた。しかし朱子の弾劾のきびしさに朝廷もすてておけず、紹興府に命じて実状を調査し、事実をついに暴露した。朝廷では唐仲友に下命されていた江西提刑《ていけい》の任を奪って、朱子に授けようとしたが、朱子は「人の田を通って、その牛を奪うようなものだ」として、これを辞退した。これより朱子と王淮との間には溝ができ、王淮に近い吏部尚書鄭丙《ていへい》は上書して程氏の学をそしって朱子を沮《はば》み、監察御史陳賈《ちんか》も帝に面対して「近ごろ搢紳《しんしん》の中で、いわゆる道学者と称するのは大抵名をかりた偽者であります。よくその人物を考察して擯棄《ひんき》し、用いてはなりません」と極論したのである。

そこで改めて、道学という言葉についてつぎの文が思い出される。古来よく読まれた『十八史略』の中に、

初め、程頤徽宗の世に卒す。その徒楊時、欽宗・光堯《こうぎょう》（高宗の上皇時代の称号）の時にあって、皆ぬきんでらる。趙鼎、頤を識《し》るに及ばずといえども、しかもその学を主張す。

のちまた尹焞《いんとん》あり、召されて経筵《けいえん》に入る。けだし頤の晩年の高弟なり。士大夫程氏の学を名づけて道学という。時好の尚《たっと》ぶ所、あるいはこの名を冒してもって進み、時好の同じからざるも、また多くこの名をもって世に擠《おと》さる。延平の李侗、学を楊時の門人羅従彦に受く、而して朱熹また学を侗に受く。

と。このあとに朱子の事が出てくる所であるが、程頤の弟子、楊時あるいは趙鼎、尹焞ごろから程氏の学派が道学と呼ばれたことが要約されており、道学の名をもって進む者もあるとともに、道学に対する反発もまた生まれ、朱子も道学者ということで批判されていることがわかるのである。

❖五夫里の社倉

ところで朱子が浙東の荒政に対処して、積極的に打ち出した政策の一つに社倉がある。これは中国で古来行われてきた常平倉《じょうへいそう》や義倉《ぎそう》に似た制度であるが、朱子が創案した社倉法は村落内部において自律的に行うことを意図したもので、淳熙八年一二月、ついに聴許《ちょうきょ》を得て諸路に施行されるに至った。

しかし朱子は浙東に赴任して、はじめてこの法を思いついたものではない。すでに十数年の経験をもとに、広く公認される社倉法に仕上げたのである。乾道三年（一一六七）、朱子三八歳の秋、郷里崇安県では大きな山津波がおこり、流れ出た土砂は田畑を埋めつくし、数百人の死傷者が出た。朱子は直ちに家を飛び出して県吏と救済につとめ、ひろく山谷を巡視したのである。ところが翌乾道四年には、崇安県に飢饉《ききん》が襲い、民は食の不足に苦しみ、程遠くない浦城では暴徒の掠奪《りゃくだつ》もおこって、崇安の人心は動揺しはじめた。時の県知事諸葛廷瑞《しょかつていずい》の依頼を受けた朱子は、郷里の先輩劉如愚《りゅうにょぐ》と協力し、豪民を勧誘してその蔵米の供出を乞い、米価を安くして救済に当たったが、その米も尽《つ》きてきたので、府に請うて米を借りるより方法がなくなった。

時の府知徐嚞《じょてつ》は早速常平米六百石を船に積んで、渓をさかのぼらせた。朱子らはこれを餓民に分配し、ようやく事なきを得た。さいわいその秋は豊年となり、その米を償還《しょうかん》する時期になって、朱子らは許可を得てその米を村内に貯蔵させた。しかしただこの米を死蔵するだけでは古米となって腐敗する。そこで朱子は府に願い出て、毎年夏にこの米を希望者に二割の利息で貸しつけ、歳の暮に収納することにし、小飢饉には利息を一割に減じ、大飢饉には免除することにした。また民家にそれぞれ貯蔵させるのは不便というので、米穀保管の社倉を郷里五夫里に建て、まとめて貯蔵することになった。こうして山谷の細民がしばしば高利で勢豪から借り受ける苦労を救い、官米の新陳代謝もできて甚だ成果が挙がったのである。その後一四年、淳熙八年にはもとの六百石を常平倉に返納して、なお穀倉三棟に残る米が三千百石に達したのである。そこでこれ以後は米の貸付けに利息をとらず、ただ倉庫の管理費として一石につき三升ずつの耗米《ごうまい》を徴収するにとどめた。これより一郷四、五〇里の間、凶年に遇っても食に事欠かぬようになり、前後三〇年間に貯蔵米は五千石にも達したといわれる。

❖朱子の社倉法

このような経験と、南康軍や浙東の荒政対策の中から、朱子の社倉法は順次整備され、今や勅許をへて各郡に施行されるに至った。すなわちその社倉法とは、朱子の残した「社倉事目」によると、おおむねつぎのようであった。

一、毎年一二月、諸部の社首（五〇人一組の社の代表者）、保正（一〇人組の長）、副に分割委任して、従来の保の名簿を整理し直す。そして逃軍したり、種々の不正なる者が保内にかくれていた場合は、社首、隊長がそれを覚察《かくさつ》し、尉司《いし》に連絡して追捉《ついそく》し、県におくってとり調べる。その手引した者も同様に断罪する。その上で翌年三月までに、整理した保の名簿を持って郷官に赴き交納する。郷官が点検して、脱漏があったり、みだりに増添して一戸一口もいつわりがあれば、他人の告発を許し、事実を検討した上、県に連絡して根究する。もしいつわりがなければ、その名簿によって人口を計算し、米数を指定し、大人若干、小児は半減する。貸出の日には、各戸に請米状を持参させ、名簿と対照し、監官はこの状によって支給する。

一、毎年五月下旬、米の端境期に貸付けるが、あらかじめ四月上旬に希望者は府に申し出て、規定に従って貸付を受ける。なお当日にはその県より清強官一名、人吏一名、斗子《とし》一名の派遣を乞い、郷官と共に貸付に当たる。

一、府に申請して差官が決まれば、一斉に告示し、日程を定めて、都を分けて支給する。一日一都、遠方より近くに及ぶ。支給すべき人口を告示するが、収入六百文以上、及び自ら営運して衣食に欠かぬ者は請貸を認めず、それぞれ日限に従って状を具し、一〇人毎に一保として保を結び互いに責任を持たせる。保内に逃亡の人があれば、同じ保内で責任をとり、一〇人以下で保をつくることができなければ支給しない。各戸は自ら倉に赴いて米を請ける。なお社首、保正、副、隊長、大保長は、それぞれ倉に赴いて面貌《めんぼう》を確認し、保簿に照らし合わせて、偽冒《ぎぼう》または重複でなければ、簽押《せんおう》し保証する。その日、監官、郷官は共に倉にはいり、状によって順次に支給する。その保社の保証が不確実であり、また情弊《じょうへい》ある者は他人が告訴することを許し、事情にしたがって処置する。その他については、みだりに貸出しの邪魔をしてはいけない。もし貸出しを願わないものがあっても、みだりに抑勒《よくろく》してはならない。

一、収支の米は、淳熙七年一二月、本府より支給された新しい黒の官桶《かんよう》及び官斗を用いる。一桶は米五省半で、斗子によって公平に量らせる。監官、郷官の供の者は、ただ二人だけ中門にはいることを許し、その余は門外に居らしめ、これらが人戸の請米をかすめとることを防ぎ、もし不正があれば、被害者が役所に申し出て告発を許し、重ねて支給を受く。

一、豊年の時に官米を貸出すことを願い出る者があれば、二つの倉を開き、一倉は残す。飢饉の時には第三倉を開き、専ら深山窮谷の耕田の者に賑貸《しんたい》すれば、豊凶の賑貸の調節ができる。

一、貸出した官米は、冬になれば納還する（一一月下旬を過ぎてはいけない）。まず一〇月上旬に日を定めて府に願い出て、例によって役人の派遣を乞い、公平に交量する。旧例は毎石耗米二斗を納めたが、今はこれを納めず、ただ倉庫における折閲《せつえつ》（もと減り）分として毎石三升を収める。折閲及び吏斗などの飯米のために準備した米は、正しく期日を定めて収支する。

一、返納の時も、官吏の差遣が定れば、一般に告示し、日程を定めて都を分けて交納する。この場合は近きを先にし、遠方に及ぶ。社首、隊長から保頭に知らせ、保頭から各戸に知らせて、互いに連絡し、一様によく乾いたもみ米にして、状をつけ倉に赴いて交納する（同じ保の者は一状となし、不足して交納できなかったり、保内に逃亡する者があれば、同保内で補充する）。監官、郷官、吏斗などの人々は、期日に倉にて受納し、みだりに混乱せしめたり、多く取りすぎてはならない。その他すべて給米の約束によって行う。収米の人吏、斗子は首尾を知るために、次年の夏の貸出しの日まで交代させない。

一、米の収支が終われば、日々その県の支給した印暦をまとめ、最後に総数を具えて、府県に連絡照会する。

一、支給交納の日毎に、その県の派遣した人吏一名、斗子一名、社倉算交司一名、倉子両名には、各々毎日飯米一斗（約半月）、発遣裹足米《はっけんかそくまい》二石、共に米一七石五斗。又貼書《てんしょ》一名、貼斗一名に飯米《はんまい》一斗（約半月）、発遣裹足米六斗、合計四石二斗。県官の人従七名、郷官人従一〇名、各々日毎に飯米五升（一〇日）、合計八石五斗。以上三〇石二斗、収支の二回であるから六〇石四斗。それに倉庫修理の費用など約九石、合計米六九石四斗を準備する。

一、保をつくる時の方式は、某里第某都、社首某人、本都の大保長、隊長らと同じく編排《へんはい》し、都内の人口は以下の如しとしるした上、その各甲戸には、大人若干、小人若干、居住地某処と書き、なお産戸は産銭若干と金額を示し、開店買賣、土着、外来（何年に移入したか）などを戸毎に列挙する。最後に排保の年月日と共に大保長・隊長・保正・副・社首が署名する。

一、請米状の方式は、保頭、甲戸、大保長、隊長、保長、社首が署名し、保内の請米数量、返納期日、耗米三升の加算などを示し、失走事故などの時に違約のないことを明記する。

一、簿書や鍵などは郷官が協同で分掌し、大口の収支は監官が検閲する。その他の零細な出納は郷官の協同管理とする。

一、豊年にあって人戸の請貸がない時は、七、八月に至って産戸の請米を願う者に許可する。

一、倉内の建物や什物は、守倉人が平常から管理し、毀損《きそん》や借出しを許さない。もし損失があれば、郷官が点検し、守倉人をとり調べて賠償せしむ。些少《さしょう》の損壊は、時にしたがって修整し、大規模な改造は臨時に理由を具して府に申し出て、米石の支給を乞う。

❖朱子社倉法の特質

このような朱子の社倉法は、その後、彼の弟子の地方官によって福建、両浙、荊湖、江南、四川の各地で実施されるようになった。朱子の論敵であった陸九淵《りくきゅうえん》（象山《しょうざん》）も、この事目を見て感歎し、みずからその法をとり入れたといわれている。また、「浙東の民、戸毎に朱子の徳をたたえた」という語があることからみても、その成果が大いに挙がったことが知られるのである。わが国でも朱子学の泰斗《たいと》山崎闇斎《あんさい》は『朱子社倉法』と題する一書を著わしてその内容を紹介し、会津藩保科《ほしな》正之《まさゆき》はこれを参照して明暦元年（一六五五）、領内に社倉を実施し、かなりの成果を挙げた。さらに岡山藩や長島藩、広島藩、あるいは備後府中などでもこれを実施したのである。

山崎闇斎

楠本正継博士は、『宋明時代儒学思想の研究』という著作の中で、この社倉事目を詳細に説明され、朱子が如何にして社倉法を行うに至ったかという点について、その理由のよって来たるところを朱子の思想に求めておられる。すなわち博士によれば、「社倉法はその根本に同胞愛の精神がある」とみる。「そして同胞愛という一つの種子は、その渾論《こんりん》の状態を脱して社倉法という多枝多葉の樹木と成って繁茂しなければならないと考えた」朱子は、南康、ついで浙東地方を襲った飢饉に際して、みずから政治の局に当たって体験し、従来の政治家の常套《じょうとう》手段である祈禱《きとう》やおざなりの巡視などでは、何の救済にもならないことを身をもって感じとるのである。したがって社倉法を実施するに当たっても、ただ規則を厳しく定めるだけでは意味がない。またいくら民のために計画したものといっても、官がひとり独走しては何の成果もない。結局民の協力を得ることに実際の効果があると判断したのである。

朱子の社倉は古来の義倉や常平倉とちがって民の参加という点に特色がある。元来隋の義倉制度は郷社に設けられ民利もあったが、やがて県の管轄に移されると、その利便が失われ、官が米を集積するのみでかえって民を圧迫した。宋代の儒学者胡寅《こいん》が、民衆から遠ざかった貯蔵庫は全く無意味であるといったのは卓見である。そこで民間の手によって僻遠の所でも便宜《べんぎ》を得るべき所に倉をおく必要があると考えられ、魏元履の長灘社倉が始まり、これにならったともいわれる朱子の五夫里の社倉が実現したのである。ただ朱子の社倉の場合、全く民間の経営ではない。いってみれば官民共同の運営である。その「社倉事目」の中にしばしば見える公共という言葉は、まさに官と民との協同管理運営を意味した。また社首、保正、副など民の代表者の責任を明示していることは、民側の参加を重視したものであった。

わが国の中井竹山は「社倉私議」の中で、朱子社倉を説明し、

一、朱子社倉の儀は至極の良法にて、上下の大益に相成、其頃世上に広く行われ申候所、右之通り御座候得ば、此法を以其意を酌《くみ》はかり取り行い候て、我朝の唯今にても随分大益の儀御座候。

と高く評価し、さらにその社倉を解説して、「社倉とは民間組合にて仲間に致す米蔵と中心にて候、さて、村方の古老、ならびに所の学者数人を擇《えら》び、其役人に定め」たものも、「朱子の時、其所々の学者と申さば、相応に官位を帯《おび》居り候ても、役人の列にて無之候」とその役人の性質を明示し、「社倉の儀は民間の為にて、上の御用にては無御座候」と明確に規定している。すなわち、朱子の社倉が円滑な運営のためにどのように配慮されているかを把握した上で、社倉の本質は民間の利便とその運用の適正にあることを喝破《かっぱ》したのである。

朱子の社倉法などの政策は、人間の最も捉われない広い立場、全体的、無的立場としての仁の理にもとづき、同胞愛の実現を目標とし、事理に即した施設がその大用（大きな作用）として樹立される所に成り立つと楠本博士はいわれる。朱子によれば格物・窮理の結果、全き人心の本体、大いなるその作用が顕現してくる。これが朱子のいわゆる全体大用の思想であり、その成果が社倉法と礼制の研究となった。すなわち一には実際政治経済の面において、朱子の社倉法などに由来する荒政施設となり、二には学術の面において、儀礼経伝通解に由来する大部

な礼制の研究となり、朱子の大学章句を教本とする一系の思想は、後に宋の真徳秀《しんとくしゅう》の『大学衍《えん》義《ぎ》』、明の丘濬《きゅうしゅん》の『大学衍義補』を生んだという博士の見解には同感である。そこで今まで一の社倉法について触れて来たので、つぎには二の礼制から『大学衍義』について検討すべきであるが、これは後に章を改めて考えてみたい。

偽学の禁

❖江西提刑

唐仲友弾劾の結果、宰相王淮と隙を生じ、道学批判の高まりを身に感じた朱子は、閑散《かんさん》な環境にあって病を養い、書を著わすことを願って、浙東の職を去った。淳熙一〇年（一一八三）、五四歳の正月、台州（浙江省臨海県）の崇道観の奉祠を命ぜられ、まもなく福建の武夷の五曲に廬をつくり、武夷精舎を建てて住んだ。さらに淳熙一二年、五六歳の四月から華州（陝西省同州）の雲台観の主管となり、一四年（五八歳）には南京鴻慶宮主管に転じた。このような宮観奉祠は、要するに休職官吏優待を意図したものであるから、朱子にとってはかえって落着いて学問の道に精進する好機であったかも知れない。なぜならば、淳熙一三年、『易学啓蒙』、『孝経刊誤《こうきょうかんご》』ができ上がり、翌年には『小学章句』が編集されたからである。

淳熙一四年（一一八七）七月、朱子に江南西路刑獄公事の命がくだった。朱子は病気を理由に辞退したけれども許されず、遂に淳熙一五年（一一八八）三月その任に就いた。たまたまその五月、朱子に敵対していた王淮が宰相の地位を去ると、朱子は直ちに上京して自己の主張を上奏しようとした。その時友人が、「君の上奏は必ず〝正心誠意〟の句があり、これが何度も重なると聞く方も飽いてくるから、今回は省いたらどうだ」といった所、朱子は答えた。「私が平生学ぶところは、この四字だけである。どうして黙っていて我が君を欺《あざむ》いておれようか」と。まさに朱子の本領というべきであろう。

この時の上奏がいわゆる戊申延和殿奏劄《ぼしんえんわでん》と称せられるもので、彼は次の五か条を主張した。第一に教化刑罰の本旨を明らかにすること、第二に獄官の選任を慎重にすべきこと、第三に経総制銭が民を苦しめること、そして第四には江西路の諸州の科罰の弊が特に甚しいことを論じた。第三の経総制銭とは、もともと北宋や南宋初に設けられた臨時の軍事費であった経制銭、総制銭であるが、この頃には特別課税として恒常化していたものである。以上の四条は、江西提刑としての立場から上奏した条項であるが、第五条においては進んで皇帝としての姿勢について論及した。第五にいう、

陛下は即位以来二七年、因循荏苒《じんぜん》、尺寸の効もありません。それは何故でしょうか。謹んで思いますのに、天理がまだ純ではありませんから、善を為そうとしても十分にならず、人欲がまだ存していますす故に、悪を除こうとしても、根絶するところまでゆきません。だから厚く大臣を礼遇しながら、かえって奸側の輩が勢を得ることになります。どうか今後

一念萌した時は、必ず謹んでこれを察し、天理であるか人欲であるか、果たして天理ならばこれを拡充し、果たして人欲ならば、これを克服し、賢を用い、不肖を退けられんことを。このように努められるならば、天下のこと尽《ことごと》く陛下ののぞむ通りに参ります。

と。まさに正心誠意、大学の道の実践を皇帝に求めた奏劄であったが、時の皇帝孝宗は朱子を尊重し「久しく卿を見なかったが、浙東の事は朕よくこれを知っている。今、まさに卿を側近に置き、また州県で苦労させせないであろう」と称せられ、翌日兵部郎官に任ぜられることになった。しかし朱子は足の病気を理由に辞退し、もとの江西提刑に留まった。

❖戊申封事

朱子に対する皇帝の信任はいよいよ厚く、また朱子を中心にした道学の勢いも拡大した。しかし、これを快く思わね人々も少なからずいた。また朱子を中心にした道学の隆盛に反感を持つ人も多かった。そのころ、本部侍郎林栗《りんりつ》は朱子と易・『西銘』を論じて意見が合わなかった。たまたま朱子が兵部郎官に任ぜられると、下役を遣して早く職につけと迫った。朱子は足疾のためしばらく待ってほしいと言うと、朱子を論劾して、「朱子はもともと学術がない。ただ張載・程頤の緒余をぬすんで、これを道学と称し、門生数十人をたづさえて、孔子や孟子が歴聘《れきへい》した風を倣《なら》い、高価を求めて職につくのを肯んじない。彼が偽者であることはかくせないのだ」といった。

これを聞かれた孝宗は、「林栗の言はいいすぎである」といわれ、朱子を援護していた宰相周必大《しゅうひつだい》も「朱子が上殿した時は、足疾が未だ癒《い》えないのに無理して登殿したのです」といった。孝宗も「朕もその跛曳《はえい》しているのを見た」と言い添えられた。その他、左補闕薛叔似《さほけつせつしゅくじ》も朱子を弁護し、太常博士《たいじょうはくし》葉適《しょうてき》も上疏していった。「一つの実もない者を指して、道学というのは、無実も甚だしい。かつて王淮が台諫《たいかん》と結んで、正人を廃除する時も、この手を使ったのだ」と。さらに孝宗は朱子に詔をくだし、「先日入対して論じた所は、皆新任の職務に関する事項である。朕はその誠意を諒として、要請する事項はできるだけ早く処理しよう」といわれた。たまたま侍御史に任ぜられた胡晋臣《こしんしん》が、林栗を論劾したので、ついに林栗は泉州の知におとされることになったのである。

その後、朱子は直宝文閣主管西京嵩山崇福宮に除せられ、さらに再度召命を受けたが、朱子はこれを辞退し、かわりに封事をたてまつった。すなわち戊申封事である。朱子はその中で、「天下の大本は陛下の心であり、今日の急務は、太子を輔翼《ほよく》し、大臣を選任し、綱維《こうい》を振挙《しんきょ》し、風俗を変化し、民力を愛養し、軍政を修明する六事である。この六事はいずれも緊急の問題であるが、その本は陛下の一心にあり、一心正しければ、六事正しからざるはなし。もし私欲がその間に介在するならば、この六事も徒労に帰し、天下の事もなす術もないであろう」と論じた。この上奏が宮中に達した時、孝宗は夜おそくすでに寝に就いておられたが、ただちにとび起きて燭をとり、最後まで読まれたという。そして翌日には主管太一宮兼崇政殿説書に除せられたが、朱子が固く辞退したので、改めて秘閣修撰に除せられた。

こうしてみると、朱子が孝宗に拝謁して奏対したこと三度、また封事をたてまつったこと三度、その中には時政の緊要を論ずるとともに、皇帝としての姿勢を論じ、あえて苦言を堂々と披瀝したのである。しかも朱子の至誠深甚なる意見は、孝宗を強く動かし、かえって朱子を信頼され、側近に留めることを期待された。それが武学博士、秘書郎、兵部郎官などの除命となったのであるが、他方朱子の論難はしばしば大臣や側近の奸悪《かんあく》にも及び、それら朝臣の憤激をも買うことになって、朱子の進路を阻害し、また朱子自らも彼らとの共存を忌避《きひ》して、再三にわたる辞退となったのである。

❖光宗と李后

淳熙一六年（一一八九）、六三歳になった孝宗は、先代高宗の例にならって、帝位を子の光宗に譲り上皇となった。ところが光宗はもともとあまり賢明でなく、その皇后李氏の専横は目にあまるものがあり、自分の愛憎によって朝臣の進退を左右したり、皇帝の寵妃をねたんで殺害するなど、わがままな振舞いが多かった。

光宗朝になって間もなく、朱子は江東転運副使に除せられたが、疾をもって辞したので、改めて冬一一月、漳州（福建省龍渓県）の知に任ぜられた。再度辞したが許されず、翌紹熙元年（一一九〇）、六一歳の朱子は任地の漳州に赴いた。当時漳州は、風俗が乱れ、礼儀も行われなかったので、朱子は古今の礼を教え、綱紀を振粛《しんしゅく》し、学問を奨励して、大いに風俗を整えた。また無名の賦七百万を除き、経総制銭四百万を減じ、その治績はみるべきものがあったといわれるのである。

翌二年二月朱子の長男塾が没したので、朱子は奉祠を乞い、秘閣修撰となって南京鴻慶宮主管を命ぜられた。そこで四月漳州を出て建陽（福建省建陽県）に着いた。この地はかつて父朱松も寓居の意があった所なので、朱子はここに寓屋を築いて留まることにした。その後、九月に、荊湖南路転運副使、また紹熙三年には知静江府広南西路経略安撫使に除せられたが、いずれも辞退した。ところが紹熙四年一二月、潭州荊湖南路安撫使に除せられ、しかも洞獠《どうりょう》（洞庭湖付近の部族）の乱がおこり軽視できぬ状況であったので、朱子はついにこれを受けて、翌五年任地の湖南省長沙へと向かった。潭州に着いた朱子は、早速人を派遣して洞獠の乱を鎮定し、さらに武備を整え、礼をおこし、嶽麓《がくろく》書院を修復した。この書院は北宋の朱洞《しゅどう》が建立したもので、再びここに教育の場が復興したのである。

ところで、上皇孝宗をけむたく思う李后は上皇と光宗との間を牽制したので、父子の関係に

嶽麓書院

深い溝ができた。やがて紹熙五年六月、孝宗の崩御に当たっても、光宗李后は病気と称して葬儀にも参列しなかった。このような事態を憂慮した朝臣たちは、いよいよ非常手段を案じることになった。まずその中心となったのは宰相趙汝愚《ちょうじょぐ》である。しかし宮廷において最も尊重されている高宗の皇后すなわち呉太皇太后の力をかりるには、趙汝愚の力でも及ばない。そこで呉氏を動かしたのが韓侂冑《かんたくちゅう》であった。彼は北宋の名臣韓琦の子孫で、呉氏の外甥《がいせい》にあたり、また彼の姪が皇太子の妃となっていたので、呉氏と連絡し、呉氏の命によって、孝宗の崩御には皇太子を父光宗の代理として葬儀に参列させ、そのまま皇太子を皇帝の位につかせ、光宗と李后を隠居させてしまった。こうして寧宗の時代が始まるのである。

❖中央の四五日

孝宗崩御は朱子にとって大きな衝撃であった。今まで再三にわたる奏対、封事を、快く受け入れられた孝宗がついになくなったのである。そこで朱子は意を決して辞職を願い出た。ところが朝廷ではにわかに光宗が退位されて寧宗の即位となり、寧宗はかねて朱子の名声を聞いていたので、趙汝愚の推薦によって朱子を煥章《かんしょう》閣待制兼侍講に抜擢した。朱子は潭州にあること三か月にしてかえって朝廷に召し出され、講官となったのである。

紹熙五年一〇月、宮中に出仕した朱子は、その任の重大さを考え、極力辞退を申し上げたが、寧宗の強い指示によって、ついにこの命を受けることにした。たまたま孝宗の山陵の位置が問題になった。はじめ予定された場所が悪く、少し掘れば水が湧いた。そこで移転の会議が始まったが、関係官は光宗が移転を好まれぬというので、会議を中止した。朱子はこれを聞き、早速山陵議状をたてまつり、当然吉土を選んで移すべきことを論じたのである。また寧宗御誕生日にあたり、朱子は孝宗の梓宮《きゅう》がなお殯《ひん》にあって喪中なので、賀表上呈を免ぜられるべきを論じ、寧宗の命によってその説がとりあげられた。あるいは閏一〇月七日、朱子は廟祧《ちょうぎ》議をたてまつり、孝宗を太廟に附するに当たって、僖祖《きそ》、宣祖《せんそ》の廟室を壊《こわ》した朝廷のやり方を論難した。

こうして朱子は中央に仕えると、眼前に展開する問題について、正しくないと判断すれば遠慮なくこれを論じたが、その論議がしばしば朝臣に波及し、朱子の議を快く思わぬ人々はこれを途中で差し押え、上聞に達しないこともあった。朱子は講官として大学を進講した。従来講筵は奇数日の早晩に行われ、事故があれば休講したが、朱子は月の朔望《さくぼう》あるいは特別の日を除いては講筵を休まず、またその講義を編次して寧宗にたてまつった。閏一〇月一九日夕刻、いつものように進講して大学の伝の第六章まで終えた後、さきに上奏した緊要の四事を施行せられるように請い、宮中を退出した。ところが朱子が退出すると直ちに御言葉がくだった。「卿が年配でこの冬の寒さに講義も困難であろうと思う。すでに卿を宮観に除すことにした」と。すなわち御暇が出たのである。この日は朱子が中央に出て四五日目のことであった。

❖朱子の免官

突然おこった免官の背景には、韓侂冑の策謀があった。寧宗の即位については、宰相趙汝愚と韓侂冑との連繋作戦が成功したものであったが、それを契機として韓侂冑の勢力は徐々に伸長し、ようやく専横の兆が見えてきた。朱子はしばしば趙汝愚に書簡をおくり、韓侂冑を国政に害のある者として忠告した。また吏部侍郎の彭亀年《ほうきねん》と協同して韓侂冑を攻撃し、先に奏上した四事の中にも、左右の姦悪なる朝臣が政権を壟断《ろうだん》することの弊害を論じた。そのため韓侂冑は朱子を憎み、ついに帝を動かして朱子追放の挙に出たわけである。

朱子が追放される日、宰相の趙汝愚は帝の御筆を袖に入れ帝に返還して諫めたが、聞き入れられず、韓侂冑は内侍王徳謙《おうとくけん》をして朱子に下付せしめた。それが先の寧宗の御言葉であった。

時の中書舎人陳傅良《ちんふりょう》ら、朝臣の中には朱子のためにそれぞれ帝を諫めた人も少なからず存在したが、いずれも聞き入れられず、朱子と協同した彭亀年もやがて官をおとされて地方へ逐《お》われてしまった。ついで今までよき朱子の被護者であった宰相趙汝愚さえも慶元元年二月韓侂冑の奸計にかかって罷免され、永州に流謫されてしまったのである。しかもその理由が「趙汝愚は朝廷の趙姓と同じ姓であるから、将来国家を危うくするであろう」ということであった。要するに朱子らの意見が気に入らなかったのである。とりわけ朱子らが「政治は当然皇帝を中心に、朝廷の大臣が指導権を持つべきで、後宮や外戚の発言は邪道である」と主張するのが、太皇太后呉氏や韓侂冑にとって面白くなかったのである。

朱子は寧宗からの御筆を受けると、ただちに都を出発し、福建の建陽へ向かって帰途についた。途中江西省玉山で知事の司馬邁《しばまい》の請いによって講義をした。これが有名な玉山講義である。さらに道を進めて建陽に帰り着くと、この地に竹林精舎（のち滄洲精舎と改名）を建て、多くの弟子に毎日講説を重ねていった。しかるに韓侂冑の追求はやまず、慶元二年、監察御史沈継祖《ちんけいそ》は侂冑の意を迎えて、朱子の十罪を論じ、朱子の職を奪い祠を罷《や》めるようにと上奏し、冬一二月、朱子に奪職の命が降った。

❖偽学の禁

こうなると韓侂胄に迎合して利禄をもとめる連中は、続々と朱子や趙汝愚らを攻撃しはじめた。しかし朱子らの一派には知名の士が多いので、一々個人攻撃では追いつかない。そこで今までしばしば利用された道学攻撃の戦術を活用することを思いついた。まず韓侂胄の手引で言官となった何澹《かたん》が、「専問の学とは如何なるものか、その真偽を弁ぜよ」と論じ、劉徳秀《りゅうとくしゅう》は、「丞相の一人留正が偽学の徒を任用したため社稷《しゃしょく》も危くなった」とその偽学任用の罪を論じた。劉徳秀はかつて長沙において張栻の一派の人に冷遇せられたのを怨み、道学を偽学と決めつけたのである。これより偽学の称が始まり、慶元三年（一一九七）一二月には、偽学の徒の官途につくこと、および著書の流布を禁止し、偽学の徒とみなされる者五九名を追放した。その表面の理由は彼らの学問は高尚な理論をもてあそび、実際の政治に役立たず、かえって政治を乱すものだというのである。

この事件は偽学の禁とか、慶元の党禁と称せられるが、韓侂胄一派の追求はいよいよエスカレートする。前の御史劉三傑《りゅうさんけつ》は「朱子・趙汝愚・劉光祖《りゅうこうそ》・徐誼《じょぎ》の徒は、前日の偽党、ここに至ってまた変じて逆党となる」と論じて、即日右正言に除せられ、右諫議大夫姚愈《ようゆ》は、「道学権臣結んで死党をなし、神器を窺伺《きし》した」と論じ、選人余嘉《よか》のごときは上書して「朱子を斬る

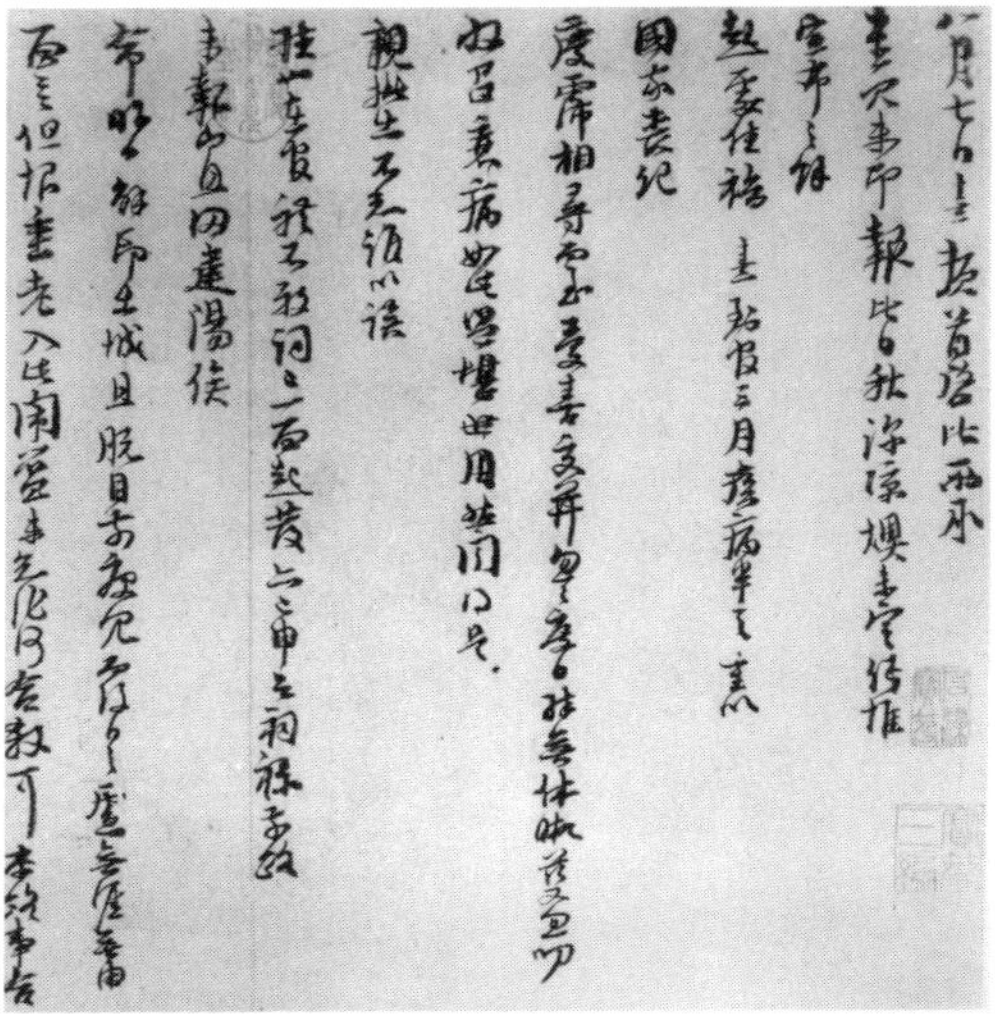

朱子の尺牘（てがみ）

べし」と乞うたのである。

かくて偽学に対する攻撃は日々に激しくなった。今まで朱子に従っていた者の中にも、他の師に移って朱子の門に近よらぬ人もあり、衣冠を変えて道学の仲間でないことを示そうという輩もあった。そのような中で朱子は日夜諸生と講学しておこたらず、みずから学問に精励した。慶元四年六九歳の朱子は、明年七〇歳に達するのを理由に建寧府に致仕を願い出て、五年四月許可された。その三月に労作『楚辞集注』『後語』『弁証』ができ上がった。

慶元六年（一二〇〇）の春、すでに朱子の病勢は思わしくなかったが、なお精舎の諸生たちに『西銘』を講じた。三月六日大学の誠意章を改訂して数字を改め、楚辞の一段を修正した。しかし七日には下痢が甚しく高熱がでて重態となった。八日起座して諸生を集めて注意を与え、三通の書をしたためてその子在や弟子黄榦《こうかん》らに付与し、翌九日朝、息を引きとった。年まさに七一歳であった。

Ⅳ

朱子と大学

宋元の儒学の展開

❖道学の回復

偽学の禁のきびしいなかに、朱子はその生涯をとじた。朱子の葬儀に当たって、あるいは会衆のなかから時の人々を非難し、時政の得失を論議する動きが起こるかも知れぬと、韓侂冑は地方官に命じて厳重な警戒をしいたが、朱子の死を聞いて集まった門弟や信奉者は数千人にのぼったという。一方、籍田の令陳景思《ちんけいし》は、あまりにきびしく追求することの不可を侂冑に進言し、侂冑も少しは後悔する所あり、朱子没後二年をへた嘉泰《かたい》二年（一二〇二）、偽学の禁もようやく弛《ゆる》められる兆が見えた。その年一〇月、朱子に華文閣待制の命がくだった。朱子はすでに死没していたが、建寧の知事が朱子の死を上聞していなかったので、生きている者として発令されたのである。また官を剥奪《はくだつ》された党人も少しずつ復活された。それには太皇太后呉氏がなくなったことも一つの原因のようである。

ところで、韓侂冑はその威勢を一そう高めるため、金を攻めて大功をたてようと望み、開禧《かいき》二年（一二〇六）金と戦端を開いた。しかし時は彼に利あらず、また人も彼から背き、翌年楊皇后の兄楊次山《ようじさん》が礼部侍郎史弥遠《しびえん》とはかり、ひそかに勅命を受けて韓侂冑殺害に成功、韓侂冑の首級を金に送ることによって和議が成立したのである。そこでようやく朱子の忠誠の報いられる時がきた訳で、嘉定《かてい》元年（一二〇八）一〇月、朱子に文公の諡《おくりな》を賜い、同三年には中太夫宝謨《ほうばく》閣直学士の称号が贈られた。

さらに次の理宗の時代になると、朱子らの道学が再び世に行われるようになり、宝慶《ほうけい》三年（一二二七）正月には、朱子に太師の号が贈られ、信国公に追封された。またそれから三年の後には、改めて徽国公となり、淳祐《じゅんゆう》元年（一二四一）には学宮に従祀《じゅうし》されるに至った。その時の理宗の御筆によれば、「朕おもうに、孔子の道は孟軻より後その伝を得ず。我が朝に至って、周敦頤、張載、程顥、程頤、まことに力践《りきせん》を見て深く聖域を探る。千載の絶学はじめて指揮あり。中興以来、また朱熹を得、精思明弁《せいしめいべん》、折衷会融《せっちゅうかいゆう》して、中庸・大学・語・孟の書をして本末洞徹《どうてつ》せしめ、孔子の道益々もって大いに世に明らかなり」という。この御筆の文面はまさに宋史道学伝そのものの表現であることから見ても、この時代になると、上下に道学が風靡《ふうび》して儒学の正統的地位を占めるようになっていることに気がつくであろう。

❖性即理

それではその道学の大成者である朱子の思想や学問とは一体どのようなものか、もう少し説明しなければならないであろう。しかしこれは簡単に説明できるものでもなく、また今その余裕もないので、すでにあげた楠本正継博士『宋明時代儒学思想の研究』や、安田二郎氏『中国近世思想研究』、あるいは島田虔次《けんじ》氏『朱子学と陽明学』を参照されたい。ただ叙述を進めるために必要な範囲で触れることにする。

およそ朱子の学問の中核をなすのは理気説である。朱子は考える。現実の世界は天に日月星辰あり、地に山河自然あり、これらのすべての存在は気によって構成されている。そして動的な気は陽、静的な気は陰であり、この二気が凝集して木火土金水の五行となり、さらに万物を生ずる。その万物があるべき形にあらしめるものが理であり、「天地の間、理あり気あり、理なるものは形而上の道なり。物を生ずるの本なり。気なるものは形而下の器なり。物を生ずるの具なり。ここをもって人物の生ずる。かならずこの理をうけてのち性あり、かならずこの気をうけてのち形あり、その性とその形と一身を離れずといえども、道器の間、分際ははなはだ明らかにして乱るべからず」（朱子文集五八　答黄道夫書）という。しかしこの気と理が全く離れた存在かといえばそうではない。気を離れて別に理が存在するのではない。両者は不離《ふり》不雑《ふざつ》の関係にある。

このような理気二元論を基礎として、朱子の性即理が展開される。朱子はいう。「性はすなわち太極の全体、気質はこれ陰陽五行のなす所」（文集六二）であり、また「性は即ち理なり。天、陰陽五行をもって万物を化生し、気もって形を成して理また賦す。ここにおいて人物の生ずるや、各々その賦する所の理を得るによって、健順五常の徳をなす。いわゆる性なり、性は同じといえども、気禀は異なり、故に過不及の差なきあたわず」と。そうして朱子は性を本然の性、気質の性に分け、本然の性が発現しないのは、気質の性がわざわいをなしているからである。だからこれを去る方法を講じ、気質の性を変化して本然の性にかえること、すなわち人欲を去って天理そのものになることが人間の課題とみる。ここに朱子の実践道徳説がおこってくる。

❖『格物補伝』

朱子の学問の方法は、居敬と窮理であるといわれる。居敬とは雑念を去り心を収斂《しゅうれん》して一物を容れず、常にひきしめておくことであり、中庸の尊徳性、孟子の存心養性にあたる。窮理とは自然界の理や人間界の理の区別なく、事々物々の理を窮め、その極にいたることで、中庸の道問学、大学の格物致知である。この二つは要するに主観的方法と客観的方法を述べたもので、道徳性を養いみがくことと、知的な学問研究をすすめることとは、車の両輪のようなもので、互いに他を欠くことができないものと考えたが、しかし朱子はむしろ窮理に重点をおいていた。その朱子の格物窮理の意見が最もよく現われているのは、朱子の『格物補伝』である。

朱子はすでに隆興元年（一一六三）三四歳の時に『論語要義』、『論語訓蒙口義』をつくったといわれ、乾道八年（一一七二）四三歳で『論孟精義』を述作し、淳熙四年（一一七七）、四八歳になって『論孟集註』及び『或問』を著わした。また大学や中庸もすでに淳熙の初めごろには章句や或問に着手していたようで、淳熙一六年（一一八九）に至って、『大学章句』、『中庸章句』の序ができ上がり、後世これらをあわせて『四書集註』と呼んでいる。この四書は宋代になって、さかんに利用されるようになった書物であるが、朱子は論語をもって孔子の精神を伝えたもの、孟子は孟軻の著述、大学は曽子の学を伝えるもの、中庸は子思の述作と考え、この四書によって孔子・曽子・子思をへて孟子に伝わる道統を闡明にするものだと見たのである。

しかも朱子は四書の中で大学を最も重視した。朱子は常に弟子に対して、まず大学を読むことをすすめ、「学問はすべからく大学をもって先とすべし。次は論語、次は孟子、次は中庸」といい、また「大学はこれ為学の綱目、まず大学に通じて綱領を立定すれば、他経みな雑説そのうちにあり」ともいっている。しかし従来の大学は章次に錯簡《さっかん》があり、文章にも誤脱があるので、これを改定しなければならぬと考え、まず礼記大学篇を分析して、最初の一章を経とな

し、後の一〇章をその註釈の伝と見た。そして大学のはじめにいう、

大学の道は明徳を明らかにするにあり。民を親にするにあり。至善に止まるにあり。

を大学の三綱領とよび、「明徳を明らかにすること」「民を新たにすること」「至善に止まること」とよみ変えたのである。ついで平天下、治国、斉家、修身、正心、誠意、致知、格物の八箇条を大学の八条目と呼び、平天下・治国・斉家を明徳を明らかにする方法、修身・正心・誠意の三条目を民を新たにする方法、致知・格物の二条目を至善に止まる方法とみなし、大学の窮極は致知格物であり、これによって自己の明徳を明らかにし、他人を感化しうるものであると考えた。ところが大学の伝の一〇章をみると、第一章で明徳を明らかにすること、第二章で民を新たにすること、第三章で至善に止まること、第四章で本末を、第六章で誠意、第七章で正心と修身、第八章で修身と斉家、第九章で斉家と治国、第一〇章で治国と平天下を、それぞれ説明しているが、格物致知を説明する部分が散逸してしまったと解釈し、朱子は程頤の説をより拠として第五章を補った。これがすなわち『格物補伝』である。その文によれば、

致知は格物にあるというのは、自分の知を致《きわ》めようと思えば、物についてその理を窮めなければならぬということである。思うに人心は霊妙なもので、知のないものはなく、天下の物で理のないものはない。ただ理を十分に窮めない所があるので、知も不充分なのである。したがって大学で最初に教えることは、必ず学問する者に対して天下の物について、

すでに知っている理を手がかりとしてますます窮め、その極致に至るように努めしめる。その末に一旦豁然《かつぜん》として貫通するようになれば、すべての物の表裏精粗がすべてわかり、わが心の全体大用は明らかになる。これを物格《いた》るといい、知の至という。といい、ここに朱子の実践道徳説の本領が示されているのである。

❖大学と小学

朱子は大学の註釈に心血をそそいだ。「それがし、大学において用工ははなはだ多し。温公は通鑑を作って、臣の平生の精力はことごとく此の書にありといえり。それがしの大学におけるもまた然り、論・孟・中庸はかえって力を費やさず」（朱子語類一四）といい、朱子は死の三日前まで、病む身を鞭《むち》うって大学誠意章の解を改訂していた程、生涯の努力を大学の註釈にかたむけたのである。しかも朱子が紹興三二年（一一六二）、孝宗即位にあたって、はじめて奉呈した封事に、すでに帝王の学は必ず格物致知を先とする論を展開しており、以後の封事、奏箚には必ず致知格物の論が示され、紹熙五年（一一九四）最後に侍講として光宗に進講したのも大学であった。

ところで朱子の大学に対するもう一つの特色は、『大学章句』の序のはじめに見える「大学なる書は、古の大学にて人を教える所以の法なり」という態度である。朱子は大学は抽象的に学問の理想を述べたものではなくして、小学に対する国家中枢の教育機関である大学の教育法を明らかにしたものであると考えた。その『大学章句』の中でいう。

> 三代の盛世には、その法がいよいよ備わり、王宮・国都より閭巷《りょこう》に及ぶまで、学校のないものはない。人が生まれて八歳になれば、主公より庶人に至るまで子弟は皆小学に入る。そしてこれに灑掃《さいそう》・応対・進退の節、礼楽射御書数《れいがくしゃぎょしょすう》の文を教える。一五歳になれば、天子の元子、衆子より公卿大夫元士の適子に至るまでと、凡民の俊秀なる者は皆大学に入り、理を窮め心を正し己を修め人を治める道を教える。これが学校の教育で大小の節の分れる所以である。

と。ところが周の末になって学校は頽廃し教化が衰えた。そこで孔子は先王の法にのっとり、後世に伝えた。すなわち礼記の中にある曲礼・少儀・内則・弟子職の諸篇は小学教育に関する遺文であり、大学篇はすなわち大学教育の法を記した文献であると朱子は述べているのである。武内義雄博士はこのような曲礼・少儀・内則・弟子職を小学教科の遺文と考え、大学篇を大学教育の法を記載したものと明言したのは朱子の創説であると説明しておられるが、ここから出発した朱子の教育説は、当時の科挙に対してどのような姿勢を示したであろうか。

❖学校貢挙私議

殿試の創設によって新しい体制をととのえた宋代の科挙に、さらに新しい改変をもたらしたのは、王安石の改革である。神宗の熙寧二年（一〇六九）参知政事となった王安石は、つぎつぎと庶政改革にのり出したが、その二つとして科挙や学校の制度にも手をつけた。当時科挙には進士科・明経科・諸科があったが、熙寧四年（一〇七一）この改革に着手し、科挙は進士の名に統合して明経科を廃し、諸科はその数を制限してやがて廃絶させることにした。しかも進士の試験には詩賦・墨義を廃止し、策・論とともにはじめて経義を用いることにし、兼ねて論語・孟子を習わしめたのである。経義とは経書の大義を理解しているかどうかを試問するのであるが、王安石はその参考書ないし教科書として、詩・書・周礼の三経新義を編著し、経書の義理はすべてこの新義により、経書文字の解釈は、彼の著述である字説によることを強要したのである。

また同じ年に学校制度も改革された。宋代の太学にはすでに内舎生、外舎生の別があり、内舎生は寄宿舎にはいる学生で二百人を限り、外舎生は聴講生で別に定員もなかった。その後定員も増員されるとともに熙寧元年さらに上舎生が設けられたが、四年になって王安石はこれを拡充し、学生を三等級に分け、はじめ入学した学生は外舎に入れ、試験の成績によって内舎から上舎へと次第に進級させることにした。さらに上舎の試験もまた三等に分け、上等は殿試をせずに官吏となし、中等は礼部の試験を免じ、下等は解試を免ずるという組織で、この太学で用いるテキストも同じく三経新義及び字説であった。これがいわゆる王安石の三舎法である。この改革によって、ややもすれば学校教育が科挙から離れつつある点を改め、科挙と太学を結びつけるとともに、太学自身を権威ある存在となさしめたのである。

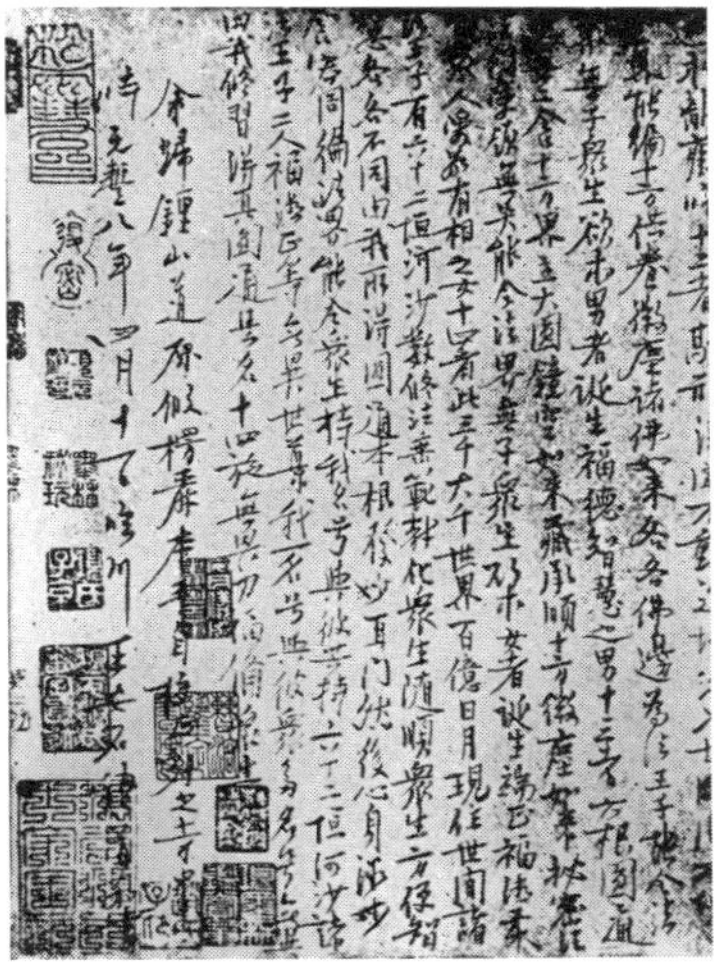
王安石の書

しかし王安石の没後、直ちに三舎法は廃止され、いわゆる十科挙士法が立てられた。さらに新法党と旧法党との党争の動きにつれて、科挙制度もしばしば改変されたが、朱子は現実の科挙に対して、「学校貢挙私議」をもって彼の意見を表明しているのである。朱子はその文中において、まず当時の学校科挙の弊害をとりあげて論じた上、彼自身の改革案を提示する。第一に諸州の解額を均しくすること、すなわち諸州の合格者の数を均しくし、太学の解額舎選をへらすことによって、受験者が争って遠方へ受験に出かける弊害をさけ、彼らの便宜を均等にすべきである。第二に徳行科を立てること、すなわち有徳の人を挙げるため、解額の四分の一をこれに充て、地方の県令に命じてふさわしい人物を捜訪して太学に入れ、その学費を支給して勉学せしめる。その上課試を免じ、大小の職事を見習わせ、そのすぐれた者は特に選んで官につけ、その余は特に明年の省試に赴かしめる。第三に詩賦を廃し、諸経子史時務を年を分けてその業をととのえさせること。すなわち詩賦は空言も甚しいのでこれを廃し（かつて王安石もこれを廃した。その後また復興されたが、王安石の場合、詩賦を廃したのが悪いのでなく、王安石の三経新義が問題であったからである）、六経の不完全なところを諸子及び歴史で補い、また時務を加えて完全とし、易・書・詩を一科、周礼・儀礼及び二戴礼を一科、春秋及び三伝を一科として、それぞれ年を定めて試験し、各科とも大学・論語・中庸・孟子を附属せしめる、というのである。

朱子の学校貢挙私議には、なお続いて経学の註釈にはいずれの説によるべきかを詳説し、また学校と貢挙との関係を詳細に論じているが、その中で朱子が言わんとすることは、ひろく経義を身につけ、子史時務に習熟し、学庸論孟に親しむとともに、徳行科の設立から推してみれば、身を修めて後天下国家を治めるという大学の理念の具現をめざしたものであったと思われるのである。

❖朱子の著作と門人たち

しかしこのような朱子の学校貢挙私議は、彼自身の意見に留まり、それが実際に施行されたものではなかった。まして朱子が中央において十分にその意見を論じ得た時期はわずかであり、晩年に至っては韓侂冑の偽学党禁の追求を受けて、その職すら免ぜられた程であるから、到底それが実現しうる可能性もなかったのである。

しかし朱子の理念は、慶元の党禁が弛み、韓侂冑が誅せられるようになると、ようやく生かされる機会にめぐまれる。とくに朱子に対して文公の諡が与えられ、朱子の名誉が回復されるとともに、その弟子たちは再び活溌に朱子の学を継承し発揚するのである。たとえば朱子の弟子の一人蔡沈《さいちん》は、朱子の遺業を受け継いで『書経集伝』を大成し、同じく弟子の黄榦は朱子が晩年に着手して完成できなかった『儀礼経伝通解』を補ってこれをなし終えたことは、朱子学の発展に大きな力となった。また黄榦の弟子に何基《かき》があり、その弟子王柏《おおはく》の門人金履祥《きんりしょう》は『論孟集註考証』を著わし、黄榦の弟子饒魯《どうろ》の再伝の弟子陳澔《ちんこう》は『礼記集説』を著わした。あるいは朱子の門人李燔《りはん》の学を受けた魏了翁《ぎりょうおう》は『九経要義』をつくり、同じく朱子の弟子詹体仁《せんたいじん》の学を継いだ真徳秀は『大学衍義』を著わすなど、いずれも朱子学を敷衍し、その宣揚につとめたので、理宗の時代に朱子が周張二程とともに孔子廟に従祀《じゅうし》されるとともに、朱子学は一世を風靡するようになったのである。

ところで朱子生涯の著作は少なくない。今まで述べた中で関係のある書はそれぞれ説明を加えてきたが、これらのうち主なものを要約すると経に関するものには、『周易本義』一二巻、『易学啓蒙』四巻、『詩集伝』八巻、『大学章句』一巻、『同或問』二巻、『中庸章句』一巻、『同或問』三巻、『中庸輯略《しゅうりゃく》』二巻、『論語集註』一〇巻、『同或問』二〇巻、『論語精義』二〇巻、『論語訓蒙口義』、『論語略解』、『論語綱領』、『孟子集註』七巻、『孟子精義』一四巻、『孟子要略』五巻、『孝経刊誤』一巻、史に関するものには『資治通鑑綱目』五九巻、『伊洛淵源録』一四巻、『八朝名臣言行録』二四巻、子に関するものには『太極図解』一巻、『通書解』二巻、『西銘解』一巻、『玉山講義』一巻、『白鹿洞書院掲示』一巻、『小学書』六巻、『雑学辨』一巻、『記疑』一巻、『謝上蔡語録』三巻、『延平答問』二巻、『程氏遺書』二五巻、附録一巻、『程氏外書』一二巻、『近思録』一四巻、『陰符経註』一巻、『周易参同契考異』一巻、集に属するものには『韓文考異』一〇巻、『楚辞集註』八巻、『同後語』六巻、『同辨証』二巻などがある。また朱子と門人との問答を集めたものに『朱子語類』一四〇巻があり、朱子の著作を朱子の末子朱在が編した『朱文公文集』一〇〇巻、及び、その後に出た続集一一巻、別集一〇巻を合わせて、今日『朱子文集』一二一巻が行われている。

『大学衍義』から『大学衍義補』へ

❖実学の精神

朱子の学問を発展させた後継者のなかで、とくに大学を継承しこれを敷衍《ふえん》したのは、真徳秀の『大学衍義《えんぎ》』である。すでに触れたように楠本博士は、朱子の全体大用の思想、すなわち格物・窮理の結果、全き人心の本体、大いなる作用が顕現したものとして、社倉法と礼制の研究を挙げられた。換言すれば「朱子の『大学章句』を教本とする一系の思想は全体大用という理念の下に、宋末から元・明を経、清にわたって大きな進展をとげた。右の進展の結果として生じたものは、一には実際政治経済の面において、朱子の社倉法などに由来する荒政施設の継承となり、二には学術面において、その『儀礼経伝通解』に由来する尨大《ぼうだい》な礼制の研究となった。そしてこの思想の教本が『大学衍義』（宋の真徳秀）及び同補（明の丘濬《きゅうしゅん》）などの著述を生み、広汎な政治技術とその道徳の教育思想を組織した」と考えられたのである。

では『儀礼経伝通解』とは何か。それは朱子が晩年になって着手した書で、儀礼を骨子とする礼制の大規模な著作であり、生存中には完成せず、死後弟子の黄幹や楊復《ようふく》によって完成された。朱子によれば、儀礼こそ礼の中心であり、礼記は秦漢の諸儒が儀礼を解釈した書であるとして、これらを総合的に組織し、その礼が具体的に実行されるところに道があるとする。すなわちこの書はまさに朱子実学の精神を示すものであった。したがってこの書の中には家礼から始まり、王朝礼に至るまでの礼の体系が示されているが、それはまさに大学における斉家から平天下に至る順序に対応するものであった。

このような朱子の精神が、朱子の没後に現実の政治の舞台に提示されたのが、真徳秀の『大学衍義』である。朱子の弟子には蔡元定《さいげんてい》、蔡沈、黄幹、輔広《ほこう》、陳淳《ちんじゅん》、あるいは再伝して何基、王柏、金履祥、許謙《きょけん》、黄震《こうしん》など数々いるが、おおむね仕官を求めず、また官に志を得なかった中で、真徳秀は大いに中央で活躍し、戸部尚書に至り、参知政事となってその名を天下にとどろかしたのである。そしてまた朱子の精神を継承し、現実の政治、理想の帝王をめざして、その心血をそそいだ『大学衍義』を帝王に奉呈し、こよなき理想の顕現を希求したのが彼であった。

❖真徳秀

真徳秀は淳熙五年（一一七八）、福建省の浦城で生まれた。朱子におくれること四八年である。字を景元といい、のち景希に改めた。世間では西山先生で知られている。幼い時から穎悟《えいご》で、四歳の時に書物を与えられて一過すれば、よく暗誦することができたといわれ、慶元五年（一一九九）、二二歳で進士に及第して南剣州判官を授けられ、ついで博学宏詞科にもパスし、召されて太学正から太学博士に遷った。

このように真徳秀が進士に及第した慶元五年といえば、まさに朱子が失意のうちに世を去った年の前年ということになる。当時韓侂冑の権勢はますます振い、朱子らの道学は偽学と決めつけられて、きびしく弾圧されていた時であった。たまたま功をあせった韓侂冑は開禧二年（一二〇六）金と戦端をひらいて失敗し、翌年礼部侍郎史弥遠と結んだ楊次山が幹侂冑を殺害してその首級を金におくり、和議が成立した。真徳秀が太学博士に遷ったのは、韓侂冑が誅せられた次の年、すなわち嘉定元年（一二〇八）であった。したがって太学博士となった真徳秀は大いに時勢を論じてはばかる所がなく、韓侂冑の時代を論じて「至誠憂国の士は異を好む者と決めつけられ、忠良の士は斥けられて正論は聞かれず、正心誠意の学は名を好む者の集りと決めつけられ、偽学の論が興って正道は行われなかった」となし、今日こそ綱紀の一新と名節の尊ぶべき時期であると明言した。

これより真徳秀は秘書省正字兼検討玉牒《ぎょくちょう》、秘書郎、著作佐郎などをへて起居舎人と進んだが、しばしば上奏してさかんに時勢を論じた。時に金国賀登位使を命ぜられて金に向かったが、途

宋の理宗

中で金国内に政変があったことを聞くと急いで都にとって帰り、今こそ墾田をひろめ、積貯を充実して防備を固める時であると防衛の必要をといた。こうした真徳秀の忌憚のない意見は、朝廷に威を張る史弥遠と合わず、自ら中央を去って秘閣修撰江東転運副使に転出した。江東にあっては早蝗《かんこう》の害を救い、さらに泉州、隆興府、潭州の知を歴任して、それぞれ治績を挙げた。

寧宗にかわって理宗が即位すると、召されて中書舎人となり、礼部侍郎直学士院に抜擢された。そこで真徳秀はいよいよその本領を発揮してさかんに上言し、三綱五常の遵守すべきことを直言して理宗も虚心に開納せられたが、史弥遠は彼の直言が煙たく、ついに策を用いて真徳秀を落職させたのである。その後、紹定五年（一二三二）になってようやく知泉州に返り咲いたが、その地に赴任すると、迎える者は路をふさぎ、百歳の老人もまた杖にすがって出で、城中は歓声を挙げて喜んだといわれる。間もなく史弥遠が死んで理宗の親政になると、真徳秀は知福州から召されて戸部尚書となり、『大学衍義』を上進して嘉納された。ついで翰林学士知制誥となり、さらに参知政事に拝せられたが、端平二年（一二三五）、五八歳で病気のためになくなった。朱子の没年より三五年後のことである。

❖『大学衍義』

真徳秀は詹体仁《せんたいじん》の高弟で朱子再伝の弟子である。若い頃より詹体仁についたが、体仁に「官に就いて民にのぞむ方は如何」と問うと、体仁は「尽心・平心のみ。尽心なれば恥なく、平心なれば偏よることなし」と教え、徳秀もまたよくこれを守ったという。『宋史』の真徳秀伝によると、彼は長身で額が広く、容貌は玉のごとく、彼を見るものは必ず大臣宰相となるだろうと思ったという。彼が中央の官にあった時期は一〇年にもならないが、その間の奏疏《そうそ》は無慮数十万言、みな時の要務にふさわしいもので、その直言は朝廷をふるわし、その名望は天下にひびきわたった。また彼が嘉定一五年（一二二二）知潭州になった時、廉仁公勤の四字をモットーにして僚属を励まし、周敦頤・胡安国・朱子・張栻の学術をもって部下に勉学させた。彼が道学発展に寄与した功労者であるという見方は、たとえば『宋史』の中にも、「韓侂冑が偽学の禁をたててから、近来大儒の書は皆厳禁されて世上から姿を消したが、真徳秀が出て道学の復興を心がけて講習服行したので、正学はついに天下に明らかになった。これまさに真徳秀の力による所が大きい」といっていることからみても、うなずけるのである。

ところで真徳秀を代表する著作は『大学衍義』である。これは紹定二年（一二二九）に成り、端平元年（一二三四）に理宗へ献上されたが、彼が『大学衍義』四三巻を選述した意図はどこにあったか。その自序によると「まず大学に述べる格物より平天下の八条目には一つの順序があり、帝王・人臣たるものは必ずこの書に述べる所にもとづくべきであるが、三代以下この学は失われ、唐に至って韓愈や李翺がようやくこの書を尊信したけれども、まだ聖学の淵源、治道の根底であることを知らなかった。しかし近世の大儒朱子がその章句・或問をつくってその義を明らかにし、自分はまたこの書を進講して、これが帝王為治の序、為学の本であることを確信した。すなわちこの書は天下に君たるものの律令格例である」と論断するのである。

ところでその内容を見ると、真徳秀の独自の見解が示される。彼はまず「帝王為治の序」「帝王為学の本」は何かを論じ、ついで大学の八条目を分けて、

① 人君の格物致知の要——明道術・辨人材・審治体・察民情

② 誠意正心の要——崇敬畏・戒逸欲

③ 修身の要——謹言行・正威儀

④ 斉家の要——重妃匹・厳内治・定国本・教戚属

の四項目に集約し、「四者の道を得れば、すなわち治国・平天下はその中にあり」と考える。そこでこの四項目について、経典を引用し、先儒の学説をのせ、自分の見解を述べて得失を論じたのである。しかし具体的にその四項目を検討すると、たとえば辨人材の細目が「聖賢人を

観るの法」「帝王人を知るの事」とか、厳内治の細目が「宮闈《きゅうい》内外の分」「宮闈預政の戒」「内臣忠謹の福」「内臣預政の禍」というように、すべて帝王の遵守すべき治世の道ではあるが、おおむね倫理道徳的な条項であって、当時の政治の現実に適応するような国家治世の細計ではない。つまりこのように帝王が心がけておれば、治国平天下がおのずから正しく行われてくるという理念をあらわしたものである。だからこそ直接に治国平天下の条項に対応する箇所が見当らないのである。

❖端平の更化

この書は、理宗朝に奏疏数十万言といわれた真徳秀の最後に到達した理想であり、また彼の希求する帝王の治道理念を示すものであったことは確かである。しかしまたそれが当時物価高でひどいインフレの昂進になやむ現実に対しては、全く迂遠《うえん》なものであったということも否めない。

寧宗にかわって理宗が即位した頃には、南宋では朱子学を奉ずる人々が進歩派として尊重せられ、理宗もこのような進歩派官僚に対するよき理解者であった。とくに史弥遠の没後、みずから政治にたずさわるようになると、年号を端平と改め、朱子学の雄、真徳秀と魏了翁とを中央官庁に迎え入れて大いに政治改革を実現しようと意気込んだ。世間はこの新しい人事に目をみはり、物価高にあえぐ大衆は彼らに思いきった施策を期待したが、真徳秀は端平元年一〇月、『大学衍義』を献上し、翌年五月にはこの世を去り、魏了翁もまもなく退いたので、理宗の意気込んでいた「端平の更化」と呼ばれる政治改革は、何の改革も実現せずにくずれ去ったのである。

このように当時すでに朱子学者の中には、その一面だけを身につけて、学問的な真理を体現することによって政治がよくなるというような空論をふりまわす風が生じていたことは疑いない。そのような朱子学者を「道学先生」と呼ぶならば、宋王朝滅亡の危機にあたり、八歳の幼帝を擁して広東省の海上に逃げまどう宰相陸秀夫が、日々、幼帝に対して大学を講じ、治国平天下のもとは身を修めるにありといって幼帝をはげましたということも、迂遠な道学者流の一面を示すものであったであろう。しかし大学が、あるいは『大学衍義』が帝王の前に遵守すべき方向を規定する理念であると考えた場合、そこに朱子学の源流としての意義も、十分に尊重されるべきである。さればこそその後『大学衍義』は、後世の帝王が常に従うべき書物と考えられ、しばしばこの書が帝王に進講され、帝王治世の教訓として、長く利用され続けたのである。

❖元朝と『大学衍義』

真徳秀が『大学衍義』を奉献した端平元年は、また北中国を領有していた金帝国がモンゴルに滅ぼされた年でもある。そして金にかわったモンゴルは、さらに四五年の後に南宋をも滅亡させたのである。こうして漢民族を支配するようになったモンゴル民族の元朝でも、やはり『大学衍義』の精神は帝王の治道を示すものとして受け継がれた。雲中懐仁の出身である趙壁《ちょうへき》は、世祖クビライがまだ皇帝を称する前に召し出されて厚遇されたが、世祖はモンゴル人一〇名を趙壁に従学させて儒学を習わせ、また趙壁にモンゴル語を習わせて『大学衍義』を訳させた。おそらく『大学衍義』がモンゴル語で表現されたのは、これが初めてのことであろう。

元の世祖

しかし『大学衍義』が元朝で大いに読まれるようになったのは仁宗のころからである。大徳一一年（一三〇七）五月、兄武宗が即位し、仁宗が皇太子に迎えられた時、各地に経籍を求める使者を出しているが、『大学衍義』を進上した者があり、早速詹事《せんじ》王約らにこれを要約して訳させた。時に仁宗はいう、

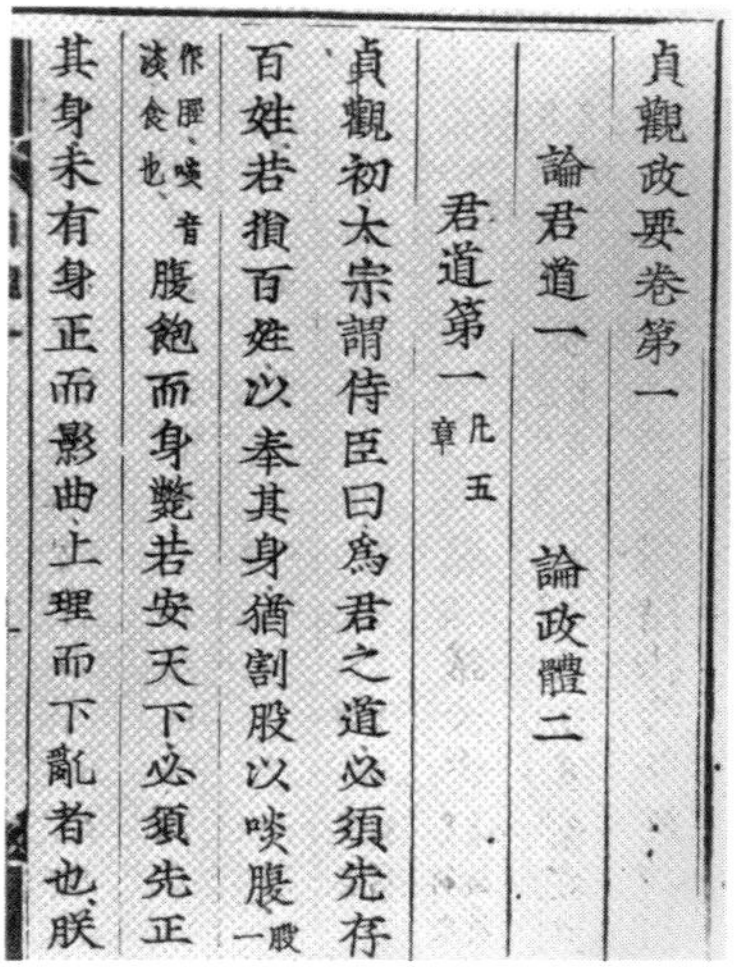
貞觀政要卷第一
論君道一　論政體二
君道第一　凡五章
貞觀初太宗謂侍臣曰爲君之道必須先存
百姓若損百姓以奉其身猶割股以啖腹股一作脛、啖音淡食也、腹飽而身斃若安天下必須先正
其身未有身正而影曲上理而下亂者也朕

『貞観政要』

「天下を治めるには、この一書で十分である」と。その後延祐四年（一三一七）には翰林学士承旨忽都魯都児迷失らが『大学衍義』を訳して仁宗に進め、帝も群臣に『大学衍義』の論議は甚だ嘉し」といい、翌年中書参知政事に任せられた敬儼《けいげん》は仁宗から『大学衍義』を賜わっている。また同年九月、江浙で印行した『大学衍義』五〇部が朝臣たちに賜与されたというのである。

ついで英宗が即位すると、翰林学士忽都魯都児は、自ら訳して『大学衍義』を上進し、英宗も「修身治国、この書をこえるものなし」といって嘉納《かのう》している。さらに泰定帝《たいていてい》の時に江浙行省左丞趙簡《ちょうかん》が、経筵《けいえん》を開き、太子や諸王大臣の子弟に学を受けさせんことを願い出た時、『帝範』、『資治通鑑』、『貞観政要』とともに『大学衍義』が進講のテキストにとりあげられたのである。つまり異民族支配の元朝に、中国的統治規範が深く浸透していったと見ていいだろう。

ところで元朝の儒教政策について、孔子をまつる宣聖廟に対する元朝の態度をふりかえってみよう。中国歴代王朝で常に尊重されてきた宣聖廟が、元朝で本格的に尊重されたのは成宗の時からで、成宗が初めて京師に宣聖廟を建てたのは、大徳一〇年（一三〇六）である。それが仁宗朝になると、この廟に顔子・曽子・子思・孟子を配享し、また許衡《きょこう》・周敦頤・程顥・程頤・張載・邵雍《しょうよう》・司馬光・朱子・張栻・呂祖謙などの宋代儒学者も従祀されたのである。さらに順宗朝に至っては楊時・李侗・胡安国・蔡沈・真徳秀の五人が封爵《ほうしゃく》諡号《しごう》と太師を贈られたが、真徳秀もこの儒学の重要な一人として厚く尊敬が加えられ、『大学衍義』も『貞観政要』とならんで、帝王治世の書として尊重されているのである。

❖明朝と儒学

洪武元年（一三六八）、南京で明朝建国を宣言した太祖朱元璋《しゅげんしょう》は、その国家指導をもっぱら文治政策の実行におき、その年の二月には孔子を国学にまつり、使を曲阜《きょくふ》に派遣して孔子廟の祭を行わしめた。またさかんに儒士の登用につとめているが、それらの政策に寄与した人物は宋濂《そうれん》である。ところで太祖がかつて宋濂に、「帝王の学には何の書物が肝要か」と問うた時に、宋濂が『大学衍義』を挙げると、太祖は宮殿の壁に『大学衍義』を大書させたという話があるから、太祖もこの書の価値を十分に認識していたことであろう。

しかし太祖の儒学尊重にはいささか注意を要する点がある。彼は新しく支配者として中国に君臨するに当たって、儒学をも自己ののぞむ方向に固定させることを期待した。したがって、儒学の中に示される倫理規範も、帝王の統治に従順ならしめるための枠内に包括したのである。太祖が『貞観政要』をモデルとして作らせた『皇明宝訓』をはじめ、『資世通訓』、『存心録』、『昭鑑録』、『祖訓録』など、いずれも君臣の道を示すものであるが、実はその多くは主として臣下の道をといたもので、君王の治政を明らかにしたものは少ないのである。そのことは成祖にも受け継がれ、永楽一三年（一四一五）九月にできたという『五経四書性理大全』は、まさに儒学の固定化をもたらしたものであった。成祖は永楽一五年この書を天下の郡県学に頒《わか》った時に、「この書は学者の根本であり、聖賢の精義はことごとく具わっている。この書ができてより、朕は朝夕宮中で披閲《ひえつ》して倦《う》まず、益する所も多いものだ」といったことからも、彼がこの書に強い自信を持っていたことが知られよう。これより科挙はすべてこの書にもとづき、古註疏はついに用いられなくなったといわれるのである。

『五経四書性理大全』という国定教科書による儒学教育は、ある意味では明朝統治の遂行に役立ったであろう。しかしそれは学問の動脈硬化をもたらす危険がある。またその弊害も表面に現われた。英宗の正統元年（一四三六）戸部尚書黄福は「近年各地の儒学生員は、四書経史を熟読せず、ただ大全の註釈を丸暗記するだけで、科挙の僥倖《ぎょうこう》をねらっている」といったが、この正統ころになると、明初以来の儒学政策にあきたらぬ人々も現われてくる。たとえば明初から行われていなかった胡安国・蔡沈・真徳秀らを孔子廟に従祀せよという意見も、やはり新しい動向であろう。さらに憲宗の成化時代になって、礼部尚書周洪謨《しゅうこうぼ》が『弁疑録』三巻を上進し、『五経四書大全』の誤りを指摘して改訂を迫ったことも、儒学の変革を示す新しい現象であった。周洪謨はいう。「五経四書は宋儒の朱子の註釈を経たというが、ままなお漢唐の諸儒の誤った解釈も行われている。本朝永楽の時に儒臣が勅を奉じて大全を纂修したが、悉《ことごと》くその旧に従っている。私はかつてその大全について諸生と疑問を弁析したが、なお誤った見解も多くはいっているので、これを訂正されたい」と。これに対して憲宗は「五経四書は漢唐宋の諸儒の註釈にもとづいて、それぞれ源委《げんい》があり、永楽中の編纂もことごとく本旨に悖《もと》らないものをとってある。しかも天下の学ぶ者は講習してすでに久しい。今周洪謨の一己の意見でこれを訂正するとすれば、紛糾をひきおこすことになるから、許し難い」といい、その上奏はおさえられたが、もし成祖、宣宗のころならば、『五経四書大全』の誤りをいうことは到底不可能なことであっただろう。しかし成化ともなれば大全の権威に対しても堂々と意見を主張しうる時代になっていたのである。

❖丘濬と『大学衍義補』

こうした時代を背景にして、丘濬《きゅうしゅん》の『大学衍義補』が誕生したのである。丘濬は永楽一八年（一四二〇）に広東省瓊山《けいざん》県に生まれ、景泰五年（一四五四）三五歳で進士に及第して翰林院にはいり、編修から侍講、学士、国子祭酒などを歴任した。その間にあって成化元年（一四六五）、英宗時代の事績を蒐集整理する『英宗実録』の編纂にも加わったが、成化一六年（一四八〇）、たまたま大学学長的地位といえる国子祭酒として憲宗に『大学衍義』を進講した時、これを補うために特にその経世の具体的方策を採輯《さいしゅう》したのが『大学衍義補』六〇巻である。本書はそれより八年を費して、成化二三年（一四八七）に完成し、憲宗のつぎに即位した孝宗に献上されたが、成化一六年の編纂着手ということは、どのように考えたらいいか。たまたま『大学衍義』を進講したことも一つの理由であろうが、さらに考えられることは、丘濬のよき先輩周洪謨が、その成化一六年五月に『弁疑録』三巻を上進していることである。

周洪謨の『弁疑録』に述べられた五経四書改訂の意見は一応おさえられたが、しかし儒学の世界においても、当時広東新会県出身の陳献章は朱子学の窮理の形式主義に対して、もっぱら静坐によって心を清澄《せいちょう》にし、理を直観する説を唱え、新しい傾向を示している時である。まして丘濬は「議論矯激《きょうげき》を好み、聞く者をおどろかす」という人物であるとすれば、『大学衍義』の体をかりて、彼の意見を述べんとしたのが『大学衍義補』であると考えられないだろうか。またこの時期なればこそ、長く帝王学の教科書として尊重されてきた『大学衍義』に対し、『大学衍義補』という新しい形の著作の出現が可能となったと思われるのである。

丘濬はその序でつぎのようにいう。「宋儒真徳秀の撰した『大学衍義』四三巻は、大学八条目の中の格物、致知、誠意、正心、修身、斉家の要のみであって、治国・平天下の要がないので、徳秀の凡例にならって、五経諸史百氏の言より採輯してこれを補う」と。またいう「真氏の前書は、身家にもとづき天下に達す。私のこの書は治平の効をつくして格致誠正修斉の功を収めるもので、両者によって完全になる」と。さらに「衍義は理を主として、身家の外に出ない。故に述べる所は大であるが簡、私の書は事を主として、天下の大を包む。故に述べる所は細にして詳なり」と。すなわち丘濬は『大学衍義』が一身一家に関する説のみであるのに対し、自分の『大学衍義補』は天下の大事を詳細に述べた現実に役立つ書であるという自信に満ち満ちていたのである。

さて『大学衍義補』にいう治国平天下の要は、一、正朝廷　二、正百官　三、固邦本四、制国用　五、明礼楽　六、秩祭祀　七、崇教化　八、備規制　九、慎刑憲　一〇、厳武備　一一、馭夷狄　一二、成功化　の一二項目に分けられ、その中で制度・民生・財政・経済・租税・運輸・屯田・礼楽・教育・土木建設・服飾・天文・図書・律令・刑政・軍備・国防など、国政全般にわたる問題をとりあげ、歴代の行政を述べ、著名な君主・政治家・史臣らの事績・評論を引き、丘濬自身の意見も加えているのである。いま個々の問題にまで具体的に説明する余裕がないので、西田太一郎氏の「儒教的財政思想の一類型」、田村実造氏の「丘濬の大学衍義補」などを参照して頂きたいが、要するに丘濬は成化の社会を背景として、現実の政治問題に立ち向かい、本書を述作して皇帝に提示した。そこにただ単に理念としての『大学衍義』を超克して、現実解決への新しい方向をうち出した。すなわち宋代の民衆が真徳秀に期待した分野が、ここでは正面からとりあげられたのである。したがって丘濬が若い頃に経験した土木の変とその善後策の苦悩は、駁夷狄の中で詳細に論じた辺境問題や、厳軍備の中に影響を与えているであろうし、成化における各地の反乱や流民の問題は、固邦本や制国用に生かされているであろう。わが国の司法省調査課が昭和六、七年司法資料の一つとして、本書の慎刑憲篇に訳註をつけ、「支那歴代刑事法制の思想」と称して出版しているが、今日においてもなお本書は読んで十分に参考になるものであると思うのである。

V

王陽明とその時代

陸九淵と王陽明

明朝中期に起こってきた、儒学の固定化に対する抵抗の波は、いろいろの波紋《はもん》を起こしていった。特に儒学の中で、陳献章《ちんけんしょう》のように朱子学に対抗する心学的な傾向を持った人々の出現は、さらに大きな反響をひきおこしたのである。

❖『明史』儒林伝

ここで改めて明代の儒学をもう一度ふりかえってみよう。明初太祖の信任を得た学者宋濂はもともと朱子学者であり、さらに成祖が編纂させた『四書大全』、『五経大全』、『性理大全』など、科挙受験者用と化した国定教科書は、主として朱子一派の説によって構成されていたのであるから、明代の儒学は朱子学によってぬりつぶされたといっても過言ではない。『明史』巻二八二、儒林伝序にもおおむねつぎのようにいう。

明初の諸儒をしらべてみると、皆朱子の門人の支流余裔《しりゅうよえい》であって、矩矱秩然《くかくちつぜん》として、曹端《そうたん》・胡居仁《こきょじん》は践履《せんり》を篤くし、縄墨《じょうぼく》をつつしみ、儒先の正伝を守って、すすんで改錯《かいさく》することがない。

と。すなわち曹端（一三七六～一四三四）や胡居仁《こきょじん》（一四三四～八四）のような朱子学者が輩出していよいよ朱子学の伝統は保持されたのである。

しかし朱子学の理論的考究はすでに展開されたとして、実践躬行を重んずる傾向が現われてきた。正統から天順にかけての朱子学者薛瑄《せっせん》（一三九二～一四六四）は「朱子以後、この道はすでに大いに明らかとなったから、これ以上著作の必要はない。ただ躬行《きゅうこう》するだけである」といい、彼と同じ頃の呉与弼《ごよひつ》（一三九一～一四六九）も、貧困に甘んじてみずから耕しながら道の体得につとめ、「貧困に処してこそ、修養も益がある」「学者の実践の工夫は、至難至危の処から試錬すべきである」として、軽々しく著述をせず、実践的修養を第一としたのである。

このような実践主義的な傾向は、朱子の註釈にもとづき、読書によって理を求めてゆく方法とは異った新しい形であり、いわゆる明の朱子学の新生面をひらくものであった。すでに述べた丘濬も、その範疇《はんちゅう》は朱子学者ではあったが、やはり今までの枠を一歩脱出しようとする新しい傾向の持主であったといえよう。そしてまた新しい意識の持主が呉与弼の弟子の中から現われてきた。すなわち陳献章や婁諒《るりょう》、そして婁諒の影響を受けた王陽明である。先にあげた『明史』儒林伝には、続いていう。

学術の分れたのは、陳献章、王守仁より始まる。献章を宗とするものは江門の学といい、弧行独詣《ここうどくけい》するが遠くには伝わらなかった。王守仁を宗とするものは姚江《ようこう》の学といい、別に宗旨を立て明らかに朱子と背馳《はいち》し、その門徒は天下にあまねく、流伝は百年をこえその教えは大いに行われた。嘉靖隆慶以後、程朱を篤信して異説に移らなかった者は幾人もいなかった。

と。

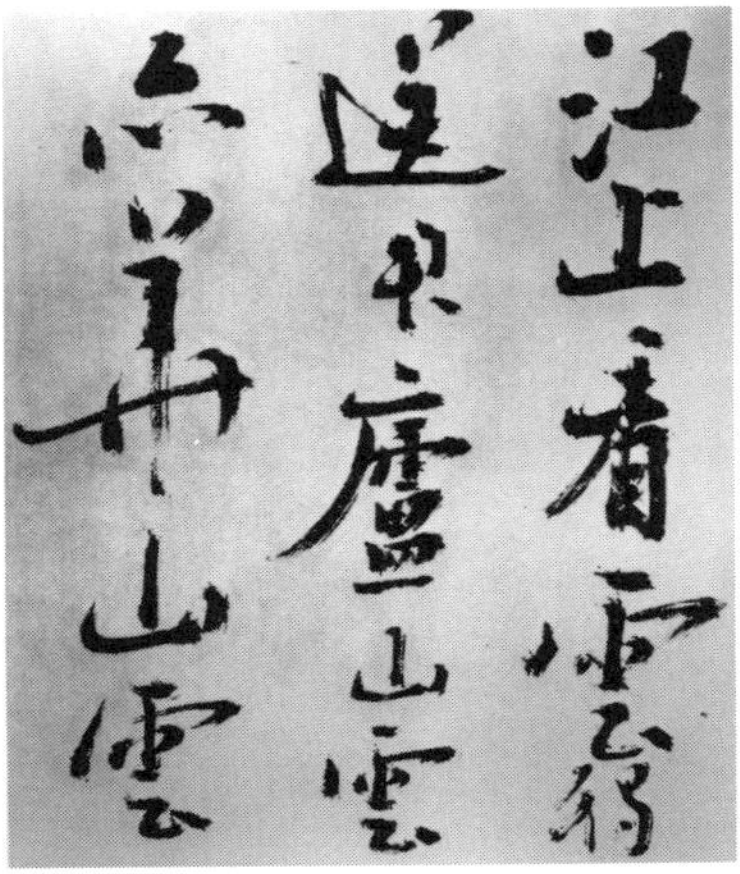

陳献章の書

そこでまず陳献章から検討してみよう。陳献章（一四二八～一五〇〇）は広東省新会県の白沙里の出身である。二七歳の時発憤《はっぷん》して呉与弼の門にはいり、古聖賢の垂訓《すいくん》の書を渉猟《しょうりょう》した。居ること半歳、未だ道に悟入する方法がわからず、白沙に帰ってから門をとじ専心その方法をもとめて読書を重ねた。しかし数年をへても成果がなかったので、彼はついに繁瑣《はんさ》な読書をすてて静坐にかえ、久しくしてついに我が心の本体をつかむことができた。さらにこれを日用の事象に及ぼし、物の道理にあてはめ、聖訓に照応したところ、はじめて「聖人になる道はここにあったか」と悟ったのである。それより陳献章は教えを乞う者があれば、もっぱら静坐内省を教え、宋史道学伝に序を書いて、「学者は道理を書物に求めるのでなく、我が心に求めるべきである」といっているのは、朱子学から出て、陸九淵の説に近づいたものといえるであろう。

❖陸九淵

陳献章に見られるような陸九淵の説に近い心学的傾向は、さらに王陽明に至って飛躍的に発展した。『明儒学案』の編者黄宗羲《こうそうぎ》も白沙学案の最初に「有明の学は白沙（陳献章）に至って始めて精微に入る。（王）陽明に至って而る後大なり。両先生の学最も相近し」というように、両者は同じ軌道の上にあった。その軌道とは陸九淵の心学である。

ところでその陸九淵とは、明代の人ではなく、朱子と同時代の宋の人であった。陸九淵（一一三九～九二）は江西省撫州金溪の人、字は子静、自ら存斎《ぞんさい》と号し、また象山ともいわれ、朱子より九歳の年少である。幼ない時より穎悟で七歳より書を読み、人が程頤（伊川）の語を暗記しているのを聞くと、自分を傷つける言と感じ、「伊川の言は孔子・孟子の言と類せず」といい、また宇宙の二字を考察して、「宇宙はすなわちわが心、わが心はすなわち宇宙。東海に聖人が出ることがあっても、この心、この理は同じ、西海に聖人が出ることがあっても、この心、この理は同じである」といったが、この言葉の中にすでに陸子の思想が示されている。

宋の孝宗の乾道八年（一一七二）三四歳の陸子は都の臨安に出て進士の試験を受けた。時の試験官であった呂祖謙は、その答案を一見して陸子の文であることを知り、強くこれを推薦した。すなわち当時すでに陸子の学が一家をなしていたことを物語っている。こうして進士に合格した陸子の名声は都にひろく知れわたり、彼の下につぎつぎと訪ねる者も多くなったが、やがて郷里に帰って学を講じ、多くの門人に道を教えた。たまたま三六歳の時に江西省の靖安県主簿に任ぜられた。翌淳熙二年（一一七五）四月、呂祖謙の斡旋《あっせん》で、陸子は兄の陸九齢（復斎）とともに、朱子と江西省信州の鵝湖《がこ》寺において会諭した。これが有名な鵝湖の会である。時に朱子は四六歳、ともに会する者呂祖謙の他、張栻・劉子澄《りゅうしちょう》らがあり、呂祖謙は朱陸の異同を折衷しようとはかったが、討論三日、ついに朱陸の意見が合わなかったという。

それでは何が合わなかったか。この時陸子は無極の二字を太極の上に加える必要がないといい、朱子は加える方がいいと主張したという。しかしそれより両者の相違は学問の態度にかかる。朱子は道問学を宗とし、陸子は尊徳性を重しとする。道問学とは学問によって見聞をひろめることであり、尊徳性とは内心の道徳的本性を尊重して、これにもとづいて行動することである。この二つはもと中庸に見える語であり、君子は両面をあわせ備えるべきものとされたが、しかし朱陸の学風の相違は、いずれに重点をおくかということになると、両者の間に妥協を許さなかった。そこに朱子の性即理説と陸子の心即理説の相違が現われてくるのである。

❖心即理説

朱子は程頤の説を受けて性即理を唱えた。朱子はいう。「性はすなわち理である。天は陰陽五行をもって万物を化生し、気をもって形をつくり理もまた賦す。ここにおいて、人や物が生ずるにあたり、おのおの賦するところの理を得るによって、健順五常の徳をなす。いわゆる性である。性は同じといえども、気稟はことなり、故に過不及の差をなくすことはできない」と。そうしてこの二つの性を本然の性と気質の性となし、人間の人間たるところの性（本然の性）が、通常は気によって乱された状態にある（気質の性）ので、気質の性を変化して、絶対に静なる本然の性にかえること、すなわち人欲を去って天理そのものになることが人間の課題であるとなす。それには聖人の教えを学ぶことであり、そうしてこそ理を知り行うことができるので、学問によって理を知らねばならぬと主張した。

しかし陸子は各人の心を重んじ、本心の自覚を聖人に至る根本となす。これは古くは孟子に見られた考え方であり、また彼がみずから、「（朱）元晦は（程）伊川に似、（張）欽夫は（程）明道に似る。伊川は蔽固《へいこ》深く、明道はかえって通疏」というように、程明道（顥）に近い立場をとっているが、さらに陸子は「宇宙に充塞《じゅうさい》するもの、この理にあらざるはなし」といい、すべて理で解釈しようとした。そして人間の心もまた理とみた。「四端はすなわちこの心である。

人みなこの心がある。心にはみなこの理を具える。心はすなわち理である」と。さらに「宇宙はすなわち是れわが心わが心はすなわち是れ宇宙」といって、主観的唯心論といわれる彼の「心即理説」が成立する。彼はもちろん学問の必要性も強調する。「道は広大、これを学んで窮りなし」「孔子の聖をもって、なお学んで厭わずという。まして常人においてをや」。しかし、学問は自己の心の理を具体的に究明するためのものであり、「学いやしくも本を知れば、六経はみなわが註脚」と喝破する。そこから陸子派は朱子派を指して本を失い末に走る「支離」と難ずるが、また朱子派は陸子派の尽心内省の姿を「狂禅」と批判するのである。

学問上における朱陸の異同はついに克服されなかったが、両者は、その相違をのりこえて互いに尊敬し合っていた。淳熙八年（一一八一）、たまたま南康軍にあった朱子のもとに、陸子は兄九齢の墓誌銘を持って、その揮毫《きごう》を依頼するべくやってきた。朱子は白鹿洞書院に陸子を案内し、ここで講席にのぼることを請うた。陸子は書院の人々に論語の「君子は義に諭《さと》り、小人は利に諭る」の一章を講義した。その論は懇切明白で痛快をきわめ、聞く者の中には涙を流して感動したという。こうして朱陸の友情はその後もしばしば書簡の往復をもって続いていたのである。

淳熙九年（一一八二）、陸子は国子学正に除せられて首都臨安に赴任し、春秋を講義した。ついで勅令所删定官となり、淳熙一三年には将作監丞となったが、反対があって台州の崇道観を主管し、江西省の貴渓の象山に精舎を作ってもっぱら学を講ずることにした。ここにおいて集まるもの数千人、大いに精舎は栄えたが、やがて湖北省の荊門軍の知に任ぜられた。荊門にあってその治績も着々と挙がったが、ついに紹熙三年一二月一四日、その地で病いにより没したのである。

❖王陽明の登場

陸子の学は江西省や浙江省で盛行し、その弟子に楊簡が出て活躍したが、宋元の間に朱子学に圧倒されて影をひそめていった。しかし明代中期に至り、陳献章や王陽明の出現によって、再びその知己を得たわけである。

それでは、つぎに王陽明に触れることにしよう。王陽明、名は守仁、字は伯安。明の憲宗の成化八年（一四七二）九月三〇日、杭州湾の南岸に近い浙江省余姚《よよう》の郊外、竜泉山北麓の一楼に生まれた。門弟銭徳洪《せんとくこう》の編集した年譜によると、陽明の先祖は晋の光禄《ろく》大夫王覧《おうらん》の裔より出て、曽孫の王羲之に至って山陰（浙江省）に移り、二三世の王寿《おうじゅ》になって達渓から余姚に来たという。これから推しても王陽明の家系は名門であったということになる。もちろんそこまでさかのぼって考える必要もないことであって、明代になってからの家系をみても、儒学にすぐれた人物や徳行で知られた者など、その家は陽明を生み出す素地を十分にそなえていたようである。

陽明の父王華は、成化一七年（一四八一）、進士第一等で及第し、累進して南京吏部尚書となった程の人であるが、また余姚郊外竜泉山中で読書したので竜山公ともいわれた。ところで陽明の出生に関して一つの奇瑞が伝えられている。銭徳洪の瑞雲楼記によると、母の鄭夫人が妊娠して一四か月をへたある日、祖母の岑夫人の夢の中に、緋《ひ》の衣に玉帯をつけた神人が音楽の先導で、赤児を抱いて現われ、この子をお前に授けようといった。おどろいて目をさますと、すでに赤児の産声が聞こえていた。不思議に思った祖父王倫は、その子に雲という名をつけた。これが陽明である。ところがどうしたことか、この雲は五歳になっても口をきかない。たまたま多くの子供たちと一緒に遊んでいる時、通りかかった一人の僧が、「よい子だが惜しいことに名前負けしているわい」といったので、祖父はその名を守仁と改めたところ、たちまち口がきけるようになったという。またつぎのような話もある。ある日祖父王倫の読んでいた書物をすらすら暗誦するので、祖父がどうしてそれができるのかと聞くと、「おじいさまの読書を聞いていて、ちゃんと暗記しました」と答えたという。これらの話はいずれも陽明の人並みはずれた人物であることを強調しようとするものであろう。

❖陽明の異才ぶり

そのように陽明には常人とちがった不羈奔放《ふきほんぽう》なところがあった。陽明が一〇歳の時、父の王華は科挙に及第し、翌年陽明は父に迎えられて祖父とともに北京に赴いた。途中鎮江をすぎ、金山寺で祖父は客と酒を飲み、詩をつくろうとした時、傍らにいた陽明はまっさきに筆をとって一首を披露《ひろう》し、人々を驚かせた。またしばらくして蔽月山房《へいげつさんぼう》に至ると、祖父は「どうだ、またつくれるか」。陽明は口からすらすらと、

山近く月遠ければ、月小なるを覚《おぼ》ゆ、
すなわちいう、この山月より大なりと、
もし人、眼大にして天のごとくなるならば、
また山小さくして月さらに闊《ひろ》きを見ん。

と。すでに陽明の非凡な文才が知られるのである。

北京に着いた陽明は一二歳で塾師に就いた。しかしいつもこっそりと抜け出しては、子供たちを集め、大小の旗をつくって戦争ごっこを始め、自分は大将となっていた。父は陽明の奔放なことを心配していたが、祖父は陽明のすぐれた才を見ぬいて、やかましくいわなかった。ある時、陽明はその塾師に質問した。

「天下のどういうことを第一等の人というのでしょうか」。

塾師はいう。

「進士に及第し、天下に名をあげること、すなわちお前の父君のようなものだな」。

陽明は疑っていう。

「そのような進士及第の人は時々あります。それが人間の第一流とはいえますまい」。

塾師はそこで逆にたずねた。

「それではお前は、何を第一とするか」。

陽明はいう。

「読書して聖賢となってこそ、まさに第一ではありませんか」。

ある日、同じ塾の友人と北京の市場を歩いていると、雀の子を売っているのを見た。陽明はその雀が欲しかったが、なかなか売ってくれない。たまたま一人の人相見が通りかかり、陽明を見て驚き、「この子は将来きっと非常な功名を立てるであろう」と。そこで銭を出して雀を買って陽明に与え、その頭をなでていった。

「鬚《あごひげ》、領《えり》を払う。そのころ聖境に入る。鬚、上丹台《じょうたんだい》（臍《へそ》の上）に至る。そのころ聖胎を結ぶ。鬚、下丹田《げたんでん》（臍の下）に至る。そのころ聖果円し」。

と。さらに「よく読書につとめなさい。私のいうことは将来きっと応験《おうげん》があるだろう」と。こ

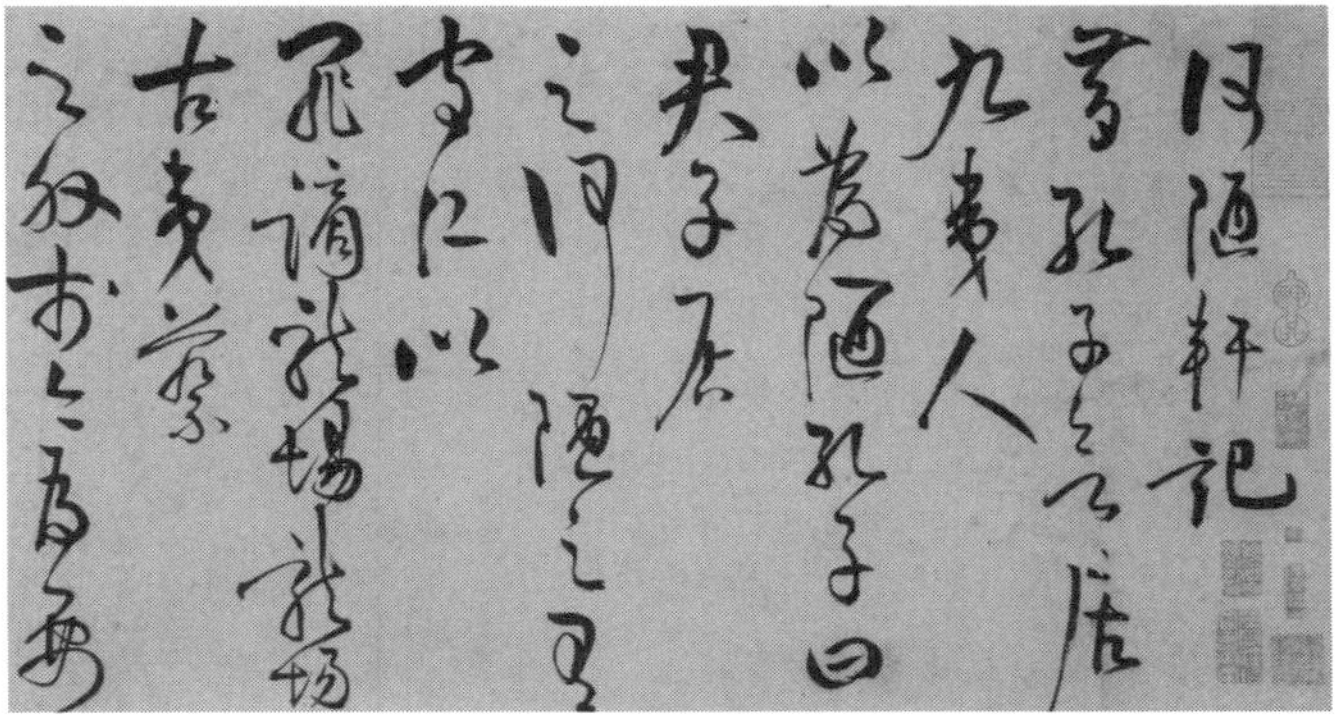

王陽明の書

れから陽明はその言葉に感じて、潜心《せんしん》読書につとめるようになり、その学問は日々に進んだという。

❖陽明の結婚

陽明が幼少の時より戦争ごっこに大将をつとめたという気質は、その後もなお成長し、一四歳になって弓馬を習い、心を兵法に留めていう、「儒者は兵を知らないことを患う。孔子は文事あれば必ず武備があるといっている。日頃章句を口にする儒者は、ふだん富貴を求め、詩文に溺れて太平をむさぼっているが、一たび事変に遭《あ》えば、手を組むだけで何の策も立てられない。これ儒者として恥ずかしいことだ」と。さらに一五歳の時、父の朋友に伴われて北京西北の要衝居庸関に遊んだが、関上に立ってはるかに連なる万里の長城をながめ、塞外の形勢を観望して大いに感憤し、一か月余も滞在して諸夷の聚落を詢訪《じゅんぼう》した。当時夢の中で、漢の伏波《ふくは》将軍馬援《ばえん》の廟に謁して詩をつくったという程に、陽明の若き血が燃えていたことは、将来彼がただ単に一儒者として名声を得たに留まらず、すぐれた軍略家としての素質を十分に備えていたことを物語っているものである。

孝宗の弘治元年（一四八八）、一七歳の陽明は故郷の越に帰り、七月江西の南昌に行き、江西布政司参議諸養和の娘と結婚した。たまたまその婚礼の日、陽明は官舎を出て散歩していると、鉄柱宮という道教の寺院が眼についたのではいっていった。ふと見ると眉毛の厚い白髪の道士が静坐している。聞けば蜀の生まれで今年九六歳、小さい時から家を出たので自分の名も知らないが、人は無為道者と呼んでいるという。とても元気旺盛で声もわれ鐘のように大きいので、これこそ道を得た人かと思い、神仙養生の術をたずねると、「養生の道は静の一字に過ぎるものはない」といい、導引の法を教えてくれた。すなわち静坐調息の法である。陽明は道士と対坐して時のたつのを忘れ、一夜明けて婚家から探索の人がこれを発見し、初めて帰った。この頃から陽明の心に少しずつ内省的傾向も出てきたようである。

それより翌年まで、陽明は南昌府の官舎で暮していたが、その間もっぱら書道に精を出し、官舎にあった数箱の紙をほとんど空にしてしまった。後に人に語っていう。「私は始め書を学ぶ時、古帖を臨書して字の形ができればよいと考えていたが、のちには筆を執っても軽々しく紙におろさず、思いを凝らし胸を静かにし、形を心に思い浮べてから筆を動かす。こうして久しく習って始めてその法に通ずることができた。のちに程顥の書を読むと彼はこういっている。余は字を書くときには甚だ敬《つつ》しむ。これは字をうまく書くためではない。これが学問なのだと。

字が上手になることを願う以外に何の学があろうか。しかし古人は時にしたがい事にしたがい、ただ心で学ぶようにしているのである。この心が精明であれば、字も上手になる」と。陽明はのちに格物を論ずる時に、しばしばこの話を例に引いているが、陽明の書がただすぐれているのみならず、その書法の学び方にもすでに心法をもととした学が萌していたことが看取される。

王陽明の活躍

❖聖学への探究

弘治二年（一四八九）一二月、一八歳の陽明は新婦を伴って舟で余姚《よよう》に帰る途中、広信府（江西省）に至って婁諒《るりょう》をたずねた。婁諒は陳献章《ちんけんしょう》と同じく呉与弼《ごよひつ》の門下で、朱子学の大家として知られていた人である。婁諒は陽明のために宋儒の格物の論を説き、聖人は必ず学んで到達しうるものだと教えた。当時婁諒は六八歳、一八歳の陽明とは五〇歳の開きがあったが、陽明はその言に深くうたれ、これより聖賢になろうと心に誓ったという。ここに陽明の第一の転機がおとずれたのである。

これより陽明の学問には、一つの方向が現われてきた。陽明の年譜によれば、「この年先生始めて聖学を慕う」という。すなわち朱子学への勉学に目を向け出したのである。翌年（弘治三年）父王華が余姚に帰ってくると、従弟の冕《べん》・階《かい》・宮《きゅう》、及び妹婿の牧《ぼく》とともに経義を研究させた。ところが陽明は日中は衆とともに課業し、夜は経子史にわたって捜し求め、夜おそくまで読んだ。他の四人は彼の学問がぐんぐん進歩するのを見て恥ずかしく思っていたが、のちにこれを知って「彼はすでに科挙を越えて聖賢を学ぼうとしている。どうして及ぼうか」といった。また陽明はもともと快活で、よく冗談をいったものであるが、ある時みずから悔い改め、それより端坐して無駄口をしゃべらぬようになった。四人ははじめ彼を信ぜず、これをからかうと、陽明は顔色を正していった。「私は昔放逸であったが、いまその間違っていたことを知った」と。これより四人もまた態度を改めた。

陽明の聖学への勉学はさらに熱をおびてきた。かつて父が京師にいた時、彼もその官署に住んでいたが、あまねく朱子の遺書を求めて読破し、宋儒の格物窮理を学ぼうとした。ある時友人と聖賢になるには天下の事物の道理を究めなければならぬと語り合い、「万物には必ず表裏精粗があり、一草一本にもみな至理がひそんでいる」という程頤の語を読み、官署中の竹の理を究めることにした。友人は竹に対して心思をつくしてその理を考えたが、三日たって神経衰弱になってしまった。陽明はこれをみて、友人の精神力が足りないからだと思い、今度は自分が、その竹の竹となる道理を探究したが、七日目にはまた病気になってしまった。そこで陽明は「聖賢にはそれぞれ天分があるのだ。自分の及ぶところではない」と思い、世間にしたがって文章の学問に専心しようと考えたのである。

❖科挙及第

弘治五年（一四九二）二一歳で浙江の郷試に合格したが、翌年春の会試には落ちた。さらに弘治九年の会試にも再び落第したが、あまりくよくよせずに、郷里の竜泉山寺で詩社をつくり得意になっていた。時に大同付近にタタールの小王子が侵寇し、国境は騒然としていたが、たまたま北京に出た陽明はこの状態を見て大いに慨嘆し、みずから兵法を学び秘籍の研究に熱中した。何事にも没頭しやすい陽明は、宴会の席でも果物の種を並べて、戦陣の説明をする程であった。

弘治一一年（一四九八）二七歳の陽明は、今までふけっていた詩文に物足りなさを感ずると、ある時朱子の上奏文に「敬に居て志を持するのが読書の本であり、序にしたがい精を致すのが読書の法である」という一文があるのをみて、自ら「序にしたがい精を致さ」なかったのを悔い、また朱子の著に従って学につとめた。しかし物の理とわが心がどうしても一つにならない。やがて憂鬱になって病気が再発したので、やはり聖賢の道には天分があるように思い、たまたま道士の養生の術の話を聞いて、ついには世をすてて山にはいろうかとさえ思うようになった。

しかしこのような精神的動揺のうちに、その翌年の弘治一二年（一四九九）陽明は会試に及第した。二甲進士出身第七人（全体で一〇番）という優秀な成績でただちに工部の観政進士

（事務見習）となり、秋には河南省の濬県に赴いて、威寧伯王越の墳墓造築を監督した。王越は三度も塞外に遠征し、北方で小王子を撃退して大功を立てた将軍であり、かねて陽明の尊崇していた人なので、鋭意その任に当たり、最初の任務を完了した。たまたま北辺では韃靼《だったん》の侵寇が激しく、朝廷では広く対策を求めていたので、北京に帰った陽明は早速八項目からなる国防対策を建言した。ここにも武人としての陽明の一端がよく示されているのである。

続いて翌一三年（一五〇〇）、陽明は刑部雲南清吏司主事を授けられた。しかしこの職務はきわめて劇務であり、その上学問の方も熱中したため、ついに就任一年たらずで翌一四年春から肺患にかかってしまった。すでに王越の墳墓築造で任地に向かった途中でも、馬から落ちた時に喀血しているので、どうやら肺結核になったらしい。しかしとにかく薬石養生によって一時回復し、命ぜられるままに江北に出張して囚人の審決を行い、江南の九華山にまで足を延ばしたが、無理がたたって病気が再発したので、ついに弘治一五年八月、休職願を出して郷里に帰ることにしたのである。

❖陽明の五溺

陽明における病気との闘いはただ一時のことではなく、彼の生涯の問題となった。彼の思索と行動の背景には、彼の病気に対する闘いが重大な要素をなしているようである。先に九華山に遊んだ時、蔡某なる道士に会い、神仙の道をたずねたが、「官人の相を脱却していない」として相手にされず、また山上の地蔵洞中の老道士には、「周敦頤・程顥は儒学の好秀才、朱子もただの講師で、まだ最上の一乗に達していない」と聞かされ、大いに感激したという話は、陽明の心の動揺と神仙養生の道への傾斜を物語っている。

したがって病躯を抱いて郷里に帰ってきた陽明は、四明山の陽明洞に室を築き、かつて鉄柱宮で教わった導引の術を行った。そのうち未来の事まで予知できるようになったが、ようやく陽明は「このような術はいたずらに精神を疲れさすだけで真の道ではない」と悟り、また静坐につとめ、仏教に転向し、出家遁世《とんせい》して静かに生涯を過そうと考えた。しかしそうすると、祖母の岑《しん》夫人や父王華のことが念頭から消え去らない。そうした心の矛盾に悩まされているうちに、はたと悟った。「この人間の情愛は、赤子の時からある人間固有のものだ。これをとり去ってしまえば、人間の種が断えるほかはない。それこそ人間そのものの否定である」と。こうして陽明の心は一転して現世への意欲にめざめる。陽明が官を退いて一年たらず、彼は肉体の不安にねざして、仏道二教に心を移し、迷ってはさめ、さめては迷い、その果てに人間としての自己に立ちかえって、ようやく光明を自得したのである。ここに人間としての陽明の心の遍歴を知るとともに、後の陽明を形成する素地が徐々にきずかれていることを見出すのである。

弘治一六年（一五〇三）三二歳の陽明は、風光明媚な銭塘《せんとう》の西湖に移って療養に専念した。

おかげで彼の疾患も快方に向かい、翌弘治一七年八月には巡按《じゅんあん》山東監察御史陸偁《りくしょう》の招きによって、山東郷試の主考（主任試験官）となった。この時の試験問題には、一、礼楽の制度について、二、仏老への批判、三、伊尹《いいん》の志と顔回《がんかい》の学に関する意見、四、風俗の美悪に関する所説、五、現在の急務に関する議論などの問題があり、その中に辺境防衛についての論や、盗賊の猖獗《しょうけつ》は賦税の繁多によるという現実の事態をテーマにとりあげているが、また顔回を論じて聖賢の学を心学と称し、心学は体得実験によるべきことを主張しているのは、すでに朱子学の理論に準拠しながらも、彼の新しい方向を打ち出したものと見られるのである。

山東郷試ののち、京師に帰って兵部武選清吏司主事に任ぜられた陽明は、翌年（弘治一八年、一五〇五）になって教えを乞う者に聖人たるの道を授け学を講じはじめた。この時、翰林院庶吉士湛甘泉《たんかんせん》が現われ、二人は一見して深く契り、共に聖賢の道を提唱しようと誓い合った。湛甘泉は陳献章門下の逸材で、陽明より六歳の年長である。ところでこの湛甘泉が後に陽明の墓誌銘を書いているが、その中にこの時点までの陽明の心の遍歴を指してつぎのようにいっている。「はじめは任俠《にんきょう》の習に溺れ、再びは騎射《きしゃ》の習に溺れ、三たび目は辞章の習に溺れ、四たび目は神仙の習に溺れ、五たび目は仏氏の習に溺れ、正徳丙寅《へいいん》（元年）はじめて正しく聖賢の学に帰す」と。湛甘泉の記憶では両者の会ったのは正徳元年（一五〇六）といい、年譜とは一年のずれがあるが、とにかく陽明は世にいうこの「五溺」をへて、いよいよ自らの道を確かめ、その道に邁進することになったのである。

❖龍場の一悟

孝宗の崩後武宗の朝になると、にわかに宦官劉瑾《りゅうきん》らが勢威を振い、政治を乱しはじめた。そこで南京戸科給事中戴銑《たいせん》らが劉瑾らを弾劾すると、銑らは劉瑾によって獄に投ぜられた。義憤に燃えた陽明は銑らを許し奸臣《かんしん》を除くべきことを上奏すると、またも劉瑾の怒りにふれて陽明は獄に投ぜられ、廷杖《ていじょう》四〇、さらに貴州省龍場駅の駅丞《えきじょう》に左遷されることになった。

翌年の正徳二年、陽明は三五歳、龍場に向かうため杭州まで来た所、劉瑾は刺客をさし向けて陽明を殺そうとはかった。陽明は一計を案じて、わが頭巾を銭塘江に投げ、草履を水辺に残して、ひそかに脱出し、商船にまぎれて福建に至った。たまたま一道士と出会ったが、それこそかつて鉄柱宮で会った道士であり、彼から「朝命にそむいて逃亡すれば、劉瑾の怒りを買い、禍いが必ず親の身に及ぶであろう」とさとされて、龍場に向かう決意をした。

正徳三年（一五〇八）春、ようやく龍場に着いたが、全く山また山の僻地であり、言語も通じ難い所である。しかも住むに足る家さえもなかったので、まず草庵を造り、田畑を開墾し、少しずつ近隣の人々と親しみはじめた。そのうちに劉瑾の怒りを買って父王華が失脚させられたという話が伝わってくると、陽明は暗い谷間につき落とされたような感を受けた。陽明は石

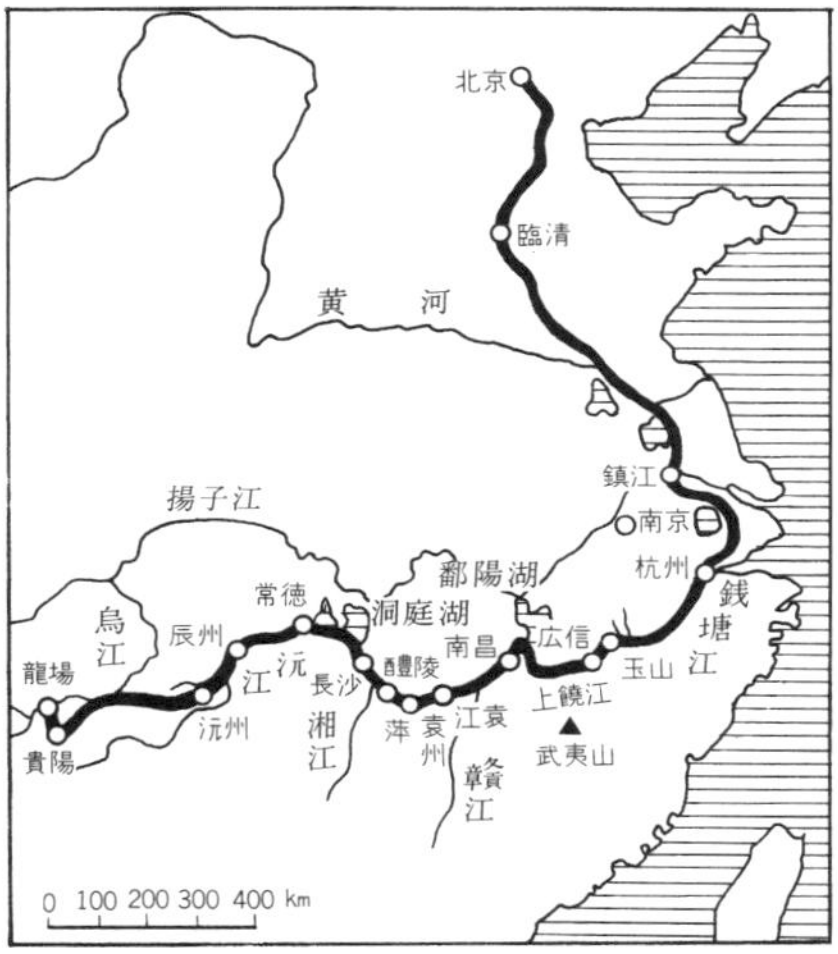

王陽明の龍場行程図

室をつくり、日夜その中に端坐して思索をこらした。「自分はただ天命を俟《ま》つだけだ。死あるのみ」と。陽明の気持は日々に落着いてきたが、門人従僕たちはつらい生活の苦痛にたえがたかった。陽明は考えた。聖人ならばこういう時にどうするであろうかと。ある夜忽然《こつぜん》と陽明は格物致知の学を悟った。そのことを年譜にはいう。「聖人の道はわが性中に備わっている。先に理を事物の上に求めたのはあやまりであった」と。すなわち陽明が多年追求してきた格物致知は、決して外的な事象に求め知識を推究してゆくのでなくて、自己の心性中に存する至善な生命体を求めてゆくことでなければならぬというのである。そこでその悟りを心中に記憶していた五経の語に照らしてみたところ、すべて合致したので、その考えをまとめ、『五経臆説』を著わした。この出来事を世に「龍場の一悟」といい、彼の生涯のうち最も画期的な一瞬といわれるのである。

「龍場の一悟」は、また陽明の今後の方向を決定した。陽明の令名が貴州府にひろまると、正徳四年貴州提学副使席元山《せきげんざん》は、陽明を府城に招き、朱陸異同について質問した。陽明はその問いに直接答えず、知行合一の新説をはじめて述べた。知と行とは程朱以来すでにさかんに論ぜられているが、程朱の学ではどちらかといえば、知が先、行が後であり、陽明は知と行は一つのものとする。「知は行の目的であり、行は知の修行である。また知は行の始めであり、行は知の完成である」という陽明の説は、当時朱子学的思考の人々には理解しがたいものであった。席元山も陽明と再三の質疑の末ようやく理解し、貴陽書院を修葺《しゅうしゅう》して、陽明をその主講に招くことにしたのである。

❖中央官界より南京へ

正徳五年、劉瑾弾劾の声がようやく高まりつつある中に、陽明は江西盧陵県の知県に昇任《しょうにん》することとなり、約三年にわたる貴州龍場の苦しい生活をきりあげて任地に赴いた。そしてもっぱら徳治主義を旨とし、治績も挙がったが、その間に劉瑾横暴に憤激して安化王朱寘鐇《しゅしはん》が兵を挙げ、この事件を契機として、ついに八月劉瑾は失脚して磔刑《たくけい》に処せられ、多数のしいたげられた忠臣も釈放された。陽明もさらに在職七か月にして同年一二月南京刑部四川諸吏司主事に任ぜられたが、旧友湛甘泉の努力によって、翌正月吏部験封清吏司主事に移り、北京に留まることができた。さらに同年一〇月吏部文選清吏司員外郎に昇任し、翌七年（一五一二）三月には吏部考功清吏司郎中に昇進し、官界における好調なコースをたどっていた。

一方その間陽明は読書と講学に明けくれた。また陽明の名声を聞いて、つぎつぎと入門する弟子が増えた。時に後軍都督府都事であった黄綰《こうわん》がその門に至ってともに聖学の工夫を語り、彼は後に陽明の弟子となった。また陽明より官位では上であった吏部郎中方献夫《ほうけんふ》も、陽明の学を聞いて、彼に弟子の礼をとった。その他、穆孔暉《ぼくこうき》・顧應祥《こおうしょう》など、年譜には二〇人近くの名を挙げて、共に業にはげんだと述べている。しかし他方陽明の最も親しい友であった湛甘泉が、正徳六年遠く安南へ出使を命ぜられて京師を去り、黄綰もまもなく疾を得て帰郷し、やがて正徳七年一二月、陽明も南京太僕寺少卿として江南に移ることになり、都における講学活動は終止符を打たざるを得なくなった。

陽明は都を離れて赴任の途中、郷里の余姚に帰省したが、その同じ舟には南京の工部員外郎に昇《のぼ》った妹婿の徐愛も同道していた。陽明は深く愛する徐愛に、大学の宗旨を説明した。徐愛はこれを聞いておどりあがって感激し、丹念に師の教えを筆記していたが、この徐愛が在京時から続けて記録してきたメモは、六年後の正徳一三年、門人薛侃《せっかん》らの編集になる有名な『伝習録』の一部となって、今日まで伝えられている。

ところで、陽明が北京に居た二年間に歴任した官職は、主として刑部の清吏司や吏部の任用考課をあつかう事務職能であったが、陽明にはこの窮屈な中央官界は、あまりふさわしいものではなかった。したがって今や南京滁州にある太僕寺の任務は、ようやく彼に落着きと解放感をもたらしたようである。年譜にいう。「滁州は山水佳勝なり。先生馬政を督す。地は僻にして官は閑なり。日に門人と瑯琊《ろうや》、瀼泉《じょうせん》の間に遊遨《ゆうごう》す。月夕には龍潭《りゅうたん》を環《めぐ》って坐するもの数百人、歌声山谷を振わす。諸生地にしたがって正を請い、踴躍《ゆうやく》歌舞す。あるいは静悟を以って入り、あるいは詞章を以って入り、あるいは仙仏を以って入る。旧学の士みな日にここに来臻《らいしん》す。従遊の衆《おお》きは滁より始まる」と。すなわち自由な天地に遊び、思うままに討議講論する日々がおとずれたのである。

滁州の生活もわずか半年、翌正徳九年（一五一四）四月、四三歳の陽明は南京鴻臚寺卿《こうろじ》へ転任することになった。五月南京に移った陽明のもとに徐愛、薛侃、黄宗明など多くの弟子が続々と集まって、さらにその講学は日々さかんになっていった。

ところがここに一つの問題が起こってきた。彼が従来となえてきた立志の法は、まず静坐し、妄念を去り心を調え聖賢の学問を純粋に体究しようというものであったが、一部の門弟の中には軽率に放言高論して独善におち入る風が著しくなってきた。これに驚いた陽明は、彼らを警《いまし》めていう。「いま学者をみると、ようやく空虚に流入し、脱落新奇の論をなすものがある。私はこれを悔ゆ。故に南畿で学問を論ずるには、ただ学者に、天理を存し、人欲を去り、省察克治の実功をさせるのみだ」と。この省察克治こそ、南京における陽明の講学を代表する立場であり、要するに人欲を去って天理を存するための工夫であって、「好色好貨好名等の私欲を逐一追究し、必ず病根を抜き去り永久に復帰させないようにすること、そしてわずかでも私念が萌動したら即時克服し、あたかも釘を斬《き》り鉄を截《た》つように断々乎として力を用うべきこと」（『伝習録』巻上）をいうのであった。

❖十家牌法と郷約

当時江西・湖南・福建・広東の各省では内乱がおこり、各地の暴徒が掠奪をほしいままにしていた。かねて陽明に兵略の才があることを見ぬいていた兵部尚書王瓊《おうけい》は陽明を推薦し、ついに正徳一一年（一五一六）九月、陽明は都察院左僉《せん》都御史に任じられ、南贛《なんかん》（江西）・汀《てい》・漳《しょう》（福建）などの巡撫を命ぜられた。陽明は翌一二年正月贛に到着すると、直ちに盗賊討伐と治安の強化にのり出した。まず流寇と良民を明らかにし、牒報を防止するため、十家牌法《じゅっかはいほう》を実施した。

十家牌法とは各城内の居民の各戸毎に牌（札）をおき、それぞれの一家の男女人数氏名、職業などを書く。また一〇戸毎に一牌をつくり各戸の氏名を記入し、各戸輪番で当番の者がその組を巡視し、各戸の牌に照してその家の異動を調べる。もし不審の点があれば官に報告し、隠匿している場合には十家連罪になるという隣保制度であった。さらに俗諭四條を頒布して、道徳をすすめ、各戸の良心に訴えて治安を規律したのである。

他方積極的に盗賊防衛のため、民兵を召募して、自らの力で郷土防衛に立ち上がらせた。陽明はこの義勇兵に訓練を重ね、軍紀を厳にして兵力を充足するとともに、まず福建漳南の賊をはじめ、横水《おうすい》、桶岡《とうこう》、浰頭《りとう》の諸賊を疾風の如くつぎつぎに討伐していった。しかも一方では、兵を動かして討伐しなければならぬことは自分の本旨でないとして、至情あふれる告諭を発し、人心の収拾に大きな効果を挙げた。その上、寇賊を平定したのち、南贛地方の風俗を良化するため、各県に社学を建てて（正徳一三年四月）子弟の教化につとめ、さらに南贛の民の自治規律として郷約を設け、父老子弟に告諭してみずからあい警め合ったのである。

とりわけ注目すべきことはこの郷約である。郷約とは村落における村人の行動を規定したもので、主として道徳的な訓育と相互扶助とによって、村落内の秩序を維持しようとする儒教の実践道徳から生まれたものである。古くは北宋の末に藍田の呂大臨《ろたいりん》がつくった呂氏郷約が知られるが、南宋にはいって朱子が手を加えたという「朱子増損呂氏郷約」が現われ、朱子学の盛行とともに、さかんに利用されるようになった。明代になって正統の初めごろ潮州知府の王源が管内で郷約を講ぜしめたというが、これは南宋の呂氏郷約を利用したもので、一般にはあまり郷約は行われなかった。それが再び盛行し始めたのは、王陽明が正徳一三年南贛地方にこの郷約を施行してからである。

しかもこの陽明の郷約の背景には、先に挙げた十家牌法が、一部の地方で形式的に流れ実行に欠く所が出てきたのを強化する意味があったようである。すなわち陽明の南贛郷約では、一村を一約とし、高年有徳で衆の敬服《けいふく》する者一人を約長とし、他に約副二人、約正四人その他の役割を定め、文簿三扇を備え、一扇は約の名薄、他の二扇は毎月望日に集会して行う施善《せぜん》・糾悪の二項を記入するものであった。而して郷約の内容とする所は、おおむね呂氏郷約の精神と形式を踏襲するものであったが、大きな相違は、呂氏郷約では「徳業相勧、過失相規、礼俗相交、患難相恤《そうじゅつ》」の四綱領が中心テーマであり、それが明代の中頃まで遵守されてきたのに対し、陽明以後の郷約では、勧善懲悪《かんぜんちょうあく》的な要素がより具体的に打ち出されてくるようで、明末における郷約になると明の太祖の時に出された『教民榜文』に見える六諭が中心テーマとなっている点は注目すべき現象である。『支那地方自治発達史』の中で松本善海氏が述べられたように、この郷約は明初以来地方自治組織としてつくられた里老人制を延長させたものであり、また同じ頃陽明が郷土防衛のために村毎に保長一人を定め、各村に望楼を築き、合図のために太鼓一面を備えたという保甲法と密接な関連を持つものであった。そしてこの郷約保甲が「奸偽《かんぎ》は容る所なく、盗賊おのずからやみ、小民争闘《そうとう》の非を知って詞訟また簡となる。一邑の治、まことに労せずして致すべき」良法として、各地の地方官によって、それ以後明末にかけて、村落の自治機能の重要な施策として盛行したことは、陽明の存在の大きな意義の一つと考えることができる。

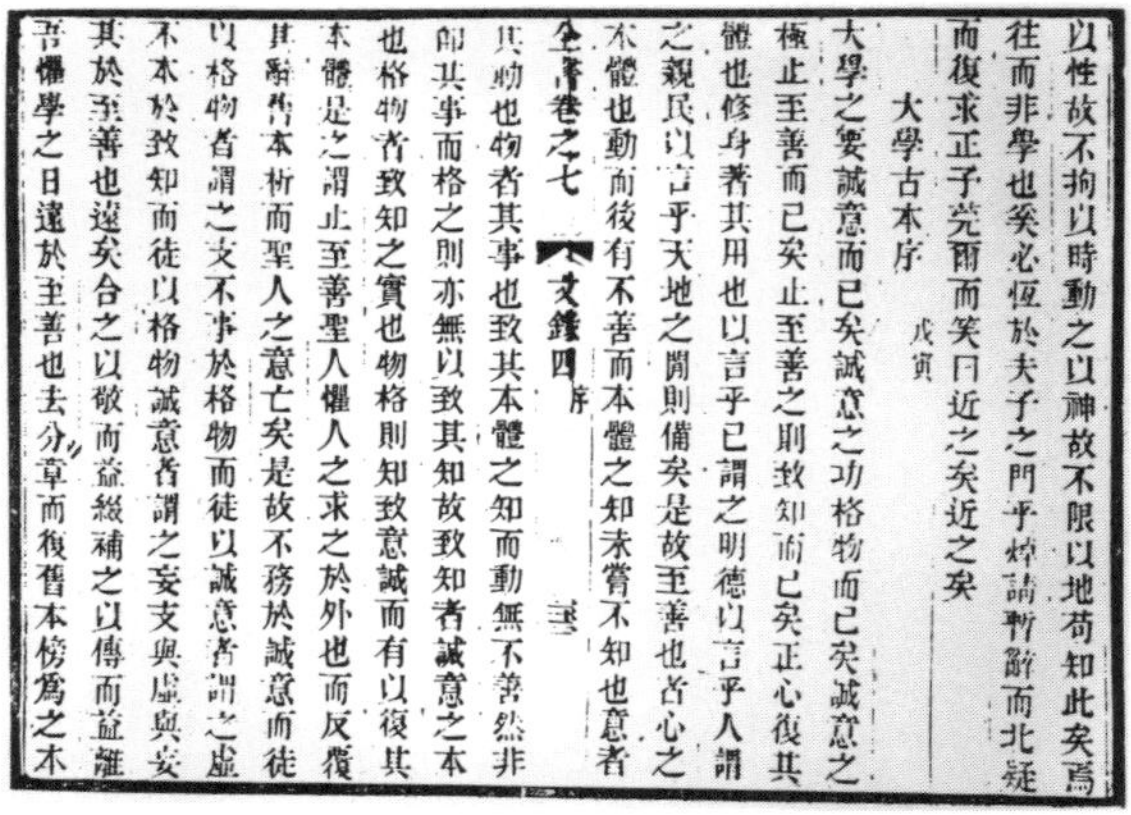
以性故不拘以時動之以神故不限以地苟知此矣爲
往而非學也矣必恆於夫子之門乎焯請誓辭而北疑
而復求正予莞爾而笑曰近之矣近之矣
大學古本序　戊寅
大學之要誠意而已矣誠意之功格物而已矣誠意之
極止至善而已矣止至善之則致知而已矣正心復其
體也修身著其用也以言乎已謂之明德以言乎人謂
之親民以言乎天地之閒則備矣是故至善也者心之
本體也動而後有不善而本體之知未嘗不知也意者
全書卷之七　文錄四　序
其動也物者其事也致其本體之知而動無不善然非
即其事而格之則亦無以致其知故致知者誠意之本
也格物者致知之實也物格則知致意誠而有以復其
本體是之謂止至善聖人懼人之求之於外也而反覆
其辭舊本析而聖人之意亡矣是故不務於誠意而徒
以格物者謂之支不事於格物而徒以誠意者謂之虛
不本於致知而徒以格物誠意者謂之妄支與虛與妄
其於至善也遠矣合之以敬而益綴補之以傳而益離
吾懼學之日遠於至善也去分章而復舊本傍爲之木

『古本大学』の序

❖古本大学と朱陸の異同

陽明が南贛において盗賊討伐中に、門弟に与えた手紙の中で、「山中の賊は破るのはやすく、心中の賊を破るのは難し」といった言葉は有名であるが、それほど戦陣の間に講学につとめた陽明の最大課題は何であったか。その具体的な成果が『古本大学』、『朱子晩年定論』、『伝習録』に結集される。

かつて朱子は生涯を大学の講究に捧げたが、朱子は大学を経伝に分け、伝の第五章に格物致知を補い、親民を新民に改めた。これが朱子の『大学章句』本である。陽明も龍場以来大学を講習した末、朱子の章句本に疑問を持ち、補訂を加えない礼記中の原本すなわち『古本大学』の方が文意も明白であるとして、正徳一三年（一五一八）『古本大学』を出版した。これは明らかに朱子学的解釈への造反である。陽明の大学に対する意見は、その後嘉靖六年（一五二七）陽明が思田討伐に出る時、門弟銭徳洪に付嘱した最後の教訓という「大学問」により詳細に示さ

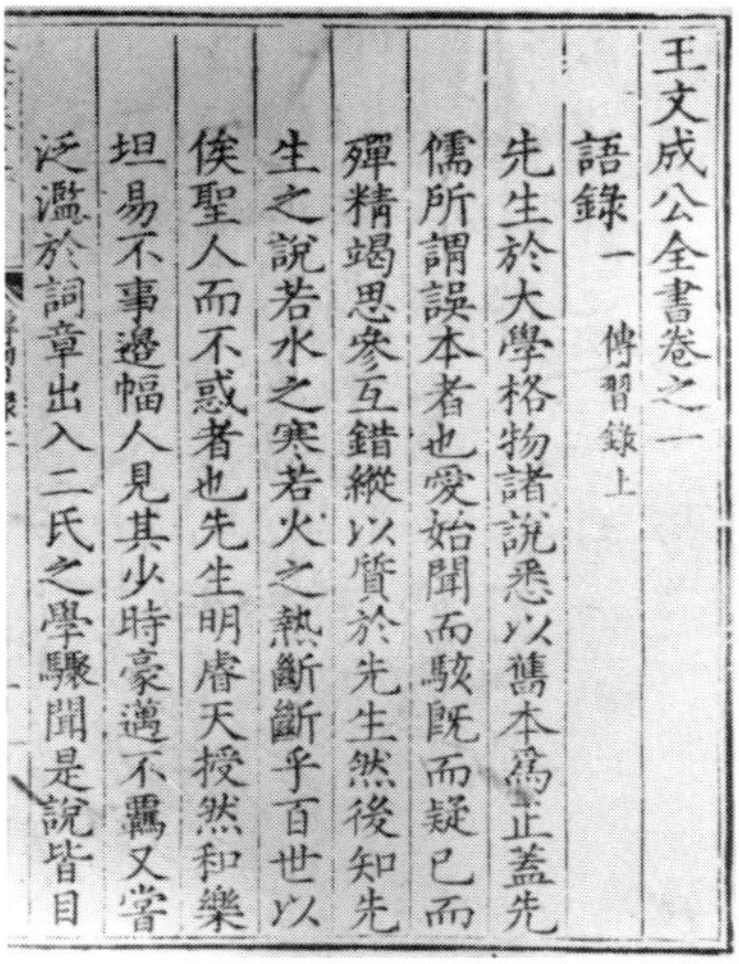

王文成公全書巻之一
語録一　傳習録上
先生於大學格物諸説悉以舊本為正蓋先
儒所謂誤本者也愛始聞而駭既而疑已而
殫精竭思參互錯縦以質於先生然後知先
生之説若水之寒若火之熱斷斷乎百世以
俟聖人而不惑者也先生明睿天授然和樂
坦易不事邊幅人見其少時豪邁不羈又嘗
泛濫於詞章出入二氏之學驟聞是説皆目

『伝習録』

れているが、武内義雄博士は朱子と陽明との相違を要約してつぎのようにいう。㈠朱子は大学を古の大学教育法を記したとしているのに対し、陽明は大人の学、すなわち立派な人物に成る道を教えるものとみている。㈡朱子は古本に錯簡《さっかん》があるとして改訂を加えているのに対し、陽明は古本のままで完全であるという。㈢朱子は格物致知の伝が欠けているとみて補伝を作ったのに対し、陽明は補伝の必要がないと主張する。㈣朱子が親民を新民に改めてよむべきだというのに対し、陽明は親民のままでよいという。㈤朱子は致知格物を物の理に窮め至ることによって吾が知を拡充する意に解しているのに対し、陽明は意念の発動する事件を正しくふみ行うことによって良知の本性を窮極する義とみている、と。

　このような陽明の立場は、当時の朱子の章句本による一般の学者にとっては、まことに大きな衝撃であったと思われる。しかし陽明の学説が朱子と相違することは、陽明が陸子の学を受け継いだことからいっても当然おこることであった。それだけになるべく正面衝突をさけようとする陽明の苦心は、また大変なものであった。正徳四年席元山が陽明に対して朱陸の異同を質問したように、そのころ朱陸の異同を媒介として陽明の学説に対する非難の高まる中に、自らの立場を朱子学と調和させるべく、『朱子文集』の中の晩年の定説と思われる三四通をとり出して、『朱子晩年定論』を著わした。この自序は正徳一〇年一一月に書かれているが、本書の成ったのは、正徳一三年『古本大学』の刊行と同じ頃であり、陽明はなお朱子学に背反することをさける意図をもって本書を編纂したようである。さらにその年八月、徐愛が残した陽明との問答一四条と陸《りく》澄《ちょう》の八〇条、薛侃の三五条と合わせて、門弟薛侃は『伝習録』を刊行した。もっとも『伝習録』はその後門弟たちによってしばしば増補されたが、相前後して刊行されたこれらの諸書は、陽明学の重要な著作となったのである。

陽明とその後

❖寧王宸濠の乱

正徳一四年（一五一九）六月、四八歳の陽明にとって、生涯の大事件ともいうべき寧王宸濠《しんごう》の叛乱《はんらん》が勃発した。寧王は太祖の第一七子朱権《しゅけん》の子孫で、成祖の時に大寧（熱河凌源県）から江西省の南昌に封ぜられ、宸濠に至ったが、彼は国政の乱れに乗じて皇帝への野望を抱き、ついに謀反を起こして南昌で兵を挙げ、南康・九江を攻略し、南京に進撃する途中、安慶（安徽省懐寧県）を包囲した。たまたま福建の反乱鎮定のため南昌からわずか四、五〇キロの豊城（江西省）にいた陽明は、直ちに吉安まで引き返して、寧王謀反を朝廷に報ずるとともに、寧王討伐の兵をおこし、手薄になっている宸濠の本拠地南昌を攻略した。驚いた宸濠はあわてふためいて南昌へと引き返し、両軍激突の末に宸濠は大敗して七月二六日ついに陽明に捕らえられ、さしもの乱も四二日で平定されたのである。

この事件は皇族の反乱という国家にとって重大な出来事であった。それに対し陽明の神速機《しんそく》敏な行動は、まさに彼の軍略家たる資質を遺憾なく証明した。さらに国家の一大危機を救ったという点で、陽明の軍功は当然輝かしいものとして、特別に優待されるべきものであった。しかし朝廷では必ずしも率直にそれは受け入れられなかった。朝廷では陽明の勝報がまだ到達する以前に、武事の好きな武宗が、側近の宦官らの口車に乗って、宸濠親征をふれ出していた。したがって今更南征への旅をやめようとしない。かえって側近らは陽明を中傷し、陰に陽に陽明をおとし入れようとする。そこで陽明は杭州に至って、彼を理解してくれる宦官張永に宸濠を引き渡すと、悠々と銭塘で休養のうえ江西へとひきあげたのである。

これに対して皇帝側近にあって陽明に対抗意識を持つ連中は、南昌に兵を進めて陽明に無理難題をふっかけたり、陽明を南京におびき出そうと計ったが、結局、正徳一五年七月陽明が改めて戦勝の報告を提出し、それには側近の宦官連中の名を入れて事はおさまった。武宗は南京で宸濠を受けとって閏八月ようやく北帰の旅に出立した。そしてその年の一二月通州に至って宸濠に自殺を命じ、北京に還御した。しかしすでに病気であった武宗は、翌正徳一六年（一五二一）三月崩じ、四月に世宗が即位した。

❖致良知の説

あれほどの功績を挙げた陽明に対し、武宗時代の朝廷では、その功をねたみ、またその学を

明の世宗

快く思わぬ人が多く、何の処遇も行われなかった。しかし陽明はそれを意に介さず南昌にてますます講学に精励し、陳九川《ちんきゅうせん》、欧陽徳《おうようとく》、魏良弼《ぎりょうひつ》など、門下の俊秀が講席に侍して教えを受けた。この頃に門弟に加わった変わり種には、泰州（江蘇省）の王艮《おうごん》、進賢《しんけん》（江西省）の舒芬《じょぶん》などがある。

　ところで宸濠の乱や側近宦官の圧迫などを体験した陽明は、正徳一六年、はじめて致良知の説をとなえた。良知とは、孟子尽心篇に「人の学ばずして能くする所の者はその良能なり。慮《おもんぱか》らずして知る所の者はその良知なり」という語にもとづく。『伝習録』の中に、おそらくこの良知の説を最初に聞いたと思われる陳九川の記録がある。庚辰《こうしん》（正徳一五年）虔州《けんしゅう》に行って再び先生に見《まみ》え、「近来功夫はやや要点を知ってきたようだが、また穏当快楽な境地はたずね難い」といって教えを請うと、先生は「それには一つの秘訣がある。ただ知を致すことだ」といわれ、「如何にして致すか」と問うと、つぎのように教えられた。「君のもつ良知こそ君自身の準則である。良知は君の意念の著する処について、是は是と知り、非は非と知り、少しもこれをあざむくことができない。されば君もこの良知をあざむくことなく真実にその指示する通りにしてゆけば、善は之を存し、悪は之を去ることができる。その時心中はいかに穏当快楽であろうか。これこそ格物の真訣《しんけつ》であり、致知の実功である」と。そしてこの良知とは、まさに大学にいう致知の説にほかならぬものであり、また従来陽明の唱導してきた心即理の立場、すなわち天理を存して人欲を去るという天理こそ、この良知なのであると明示するに至ったのである。

正徳一六年（一五二一）、世宗朝になって陽明の功績に再検討が加えられ、六月南京兵部尚書に昇任し、一二月新建伯に封ぜられた。たまたま嘉靖元年（一五二二）二月、父の王華がなくなったので、陽明は慣例によりその職を退き、郷里において三年の喪に服することになったが、そのまま喪の終わった後も、職が与えられなかった。それは何故だろうか。実は世宗時代になって陽明に与えられた官職や新建伯も、その内容はかなり形式的な虚名であった。それというのも、新帝の即位とはいいながら、中央の実力者である大学士楊廷和《ようていわ》の勢力が強く、彼を中心とした廷臣たちが陰に陽に陽明に対して妨害をくわだてたからである。さらに嘉靖三年二月楊廷和は大礼問題で世宗と対立し辞任した後、陽明の弟子たちがさかんに陽明を推薦したが、やはり陽明を中央に迎える空気はおこらなかった。それは中央の廷臣たちになお陽明に対する反対の空気が強かったこと、また陽明が大礼問題で必ずしも世宗側に有利な意見を示さなかったことにもよるのであろう。

ただその間に門人は日々に集まってきた。嘉靖二年、王畿が入門し、また紹興知府の南大吉《なんだいきち》もその弟子となった。嘉靖三年八月一五日仲秋の月をながめ、天泉橋で酒宴を開いた時に参加した弟子は百余人もあり、盃をめぐらし歌を唱い、投壺する者、鼓を打つ者、各々興にのって大いに楽しんだという。

❖思田の討伐

嘉靖六年（一五二七）、陽明五六歳の夏、にわかに南京兵部尚書の原官をもって都察院左都御史を兼ね、広西の思恩（武鳴県）、田州（百色県）地方で暴動を起こしている盧蘇《ろそ》・王受《おうじゅ》の討伐を命ぜられた。しかしかねて胸部疾患に苦しんでいた陽明の身体は、この時には一層芳しくない状況であり、自ら「臣の病患は久しく積もり、潮熱痰嗽《ちょうねつたんそう》、日々にはなはだしく月に深し。一たび咳を発する毎に必ず頓絶《とんぜつ》するに至り、久しくして始めて漸くよみがえる」と上奏してその命を辞退した。しかし朝廷ではついに許されず同年八月、心に決した陽明はわが家の子弟のために一文の教訓を残し（客坐私祝）、九月九日いよいよ越城を出発して広西に向かった。

陽明出発の前夜、銭徳洪と王畿は張元冲《ちょうげんちゅう》を訪うて陽明の学の根本を論じた。王畿はいう「先生が善なく悪なきは心の本体、善あり悪あるは意の動、善を知り悪を知るはこれ良知、善をなし悪を去るは是れ格物（四句決または四言教）といわれたが、もし良知すなわち心の本体の無

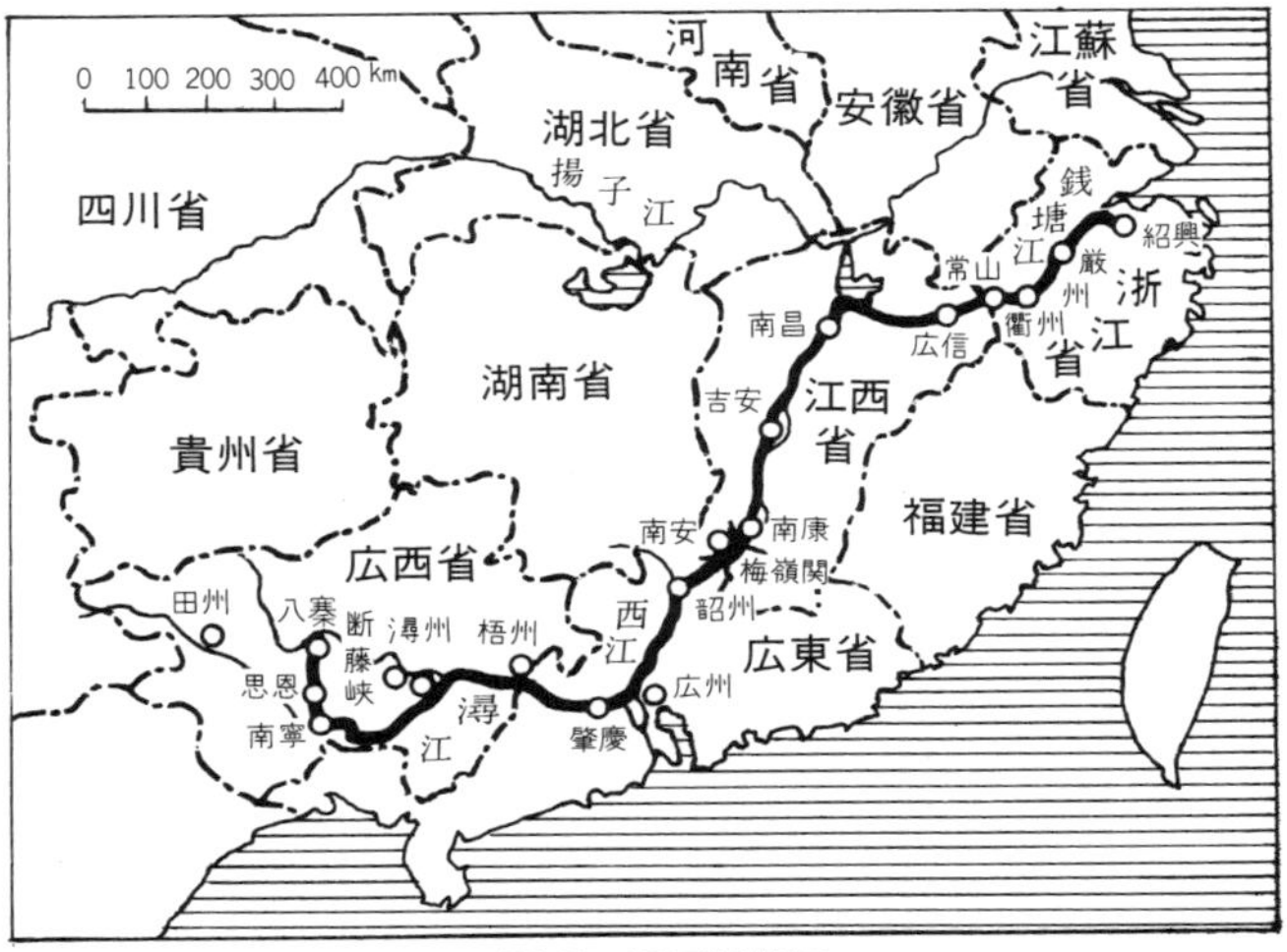

王陽明の思田討伐図

に徹すれば、意も知も善も悪もない」と。銭徳洪はいう「心の本体はたしかに無善無悪であるが、人間の意念はどうしても善悪を生ずる。そこできびしい修行により善をなし悪を去り、現実に即して格《ただ》してゆくべきだ」と。そこで二人は陽明をたずねると、陽明は二人を天泉橋に引きつれて訓戒し、「王畿の意見は素質のよい人を教化する方法であり、銭徳洪の意見はそのつぎの素質の人を教化する道であるから、一方だけに固執するのでなく、互いに手を取り合ってゆくべきだ」と教えたのである。これがいわゆる陽明の最後の示教ともいうべきものであったが、陽明の没後、陽明学が流伝するにつれて、この二つの立場は、陽明学を大きく分裂させていった。越城を出た陽明が常山から広信をへて南昌にはいると、父老軍民は街路を埋めて陽明を迎えた。陽明はその翌日孔子の廟に謁し、明倫堂で大学の講義を行ったが、聴衆は立錐《りっすい》の余地もなく、聞くことのできぬ者も多かった位であった。こうして広西の梧州にはいって幕府を開いたが、まもなく陽明に両広地方の巡撫を兼任すべき命がくだった。陽明は思田の状況を上申し、慰撫政策を建言して容れられると、着々とその政策を実行したので、叛賊は続いて投降し、戦禍をみずに正徳七年二月平定された。そこで陽明は民生の安定のために思田に学校をおこし、さらに南寧（広西省）にも敷文《ふぶん》書院を開いて、教化に当たらしめたのである。

❖陽明の長逝

正徳七年（一五二八）七月、陽明はさらに広西省内の八寨《さい》、断藤峡にある数万の蛮賊を潰滅《かいめつ》し、賊徒三千余人を斬獲《ざんかく》してその戦勝を報告した。しかしその頃には陽明の病状はいよいよ悪化していた。そこで一〇月一〇日、上書して休養を乞うと同時に、南寧より舟に乗り潯江《じんこう》をくだった。途中梧州では一五歳の時に夢に見た伏波将軍馬援の廟に謁して年来ののぞみを果たし、一一月二五日大庾嶺《だいゆれい》の梅嶺関を越え、江西省の南安に着いて舟に乗った。同地の役人をしていた門人の周積《しゅうせき》が見舞いに来ると、陽明は起き上がって咳をしながら、「近ごろ学問の方はどうだ」とたずねた。周積は自分の様子を述べ「御身体の工合《ぐあい》は」とたずねると、「とても助かるまい。ただ気力で持っているだけだ」と答えた。積は医者を呼んで服薬を進めた。二八日の晩、船は青竜舗に泊ったが、積が呼ばれて枕上に坐すと、陽明はしばらくして目を開き、「私はもうゆくぞ」といった。積はなきながら「何か遺言を」とたずねると「この心は光明、いまさら言うこともない」とかすかに笑っていい、しばらくして息をひきとった。嘉靖七年一一月二九日午前八時、陽明五七歳であった。

かねて陽明が大庾嶺を越えた時、江西の参政王大用《おうたいよう》は、陽明の死期の近いことを察して、ひそかに棺材を用意していたので、贛州で軍務についていた門人の張思聡《ちょうしそう》が南埜駅に至ってこれで棺を造り、一二月三日入棺式を行い、翌日舟に乗せて南昌に向かった。さらに八年正月銭徳洪・王畿をはじめ、陽明の息王正憲も到着し、子弟門人に守られて、柩は二月四日越に帰着したのである。その年一一月一一日、陽明の遺骸は越城より約二〇キロの洪渓《こうけい》に葬られた。時に会葬する者千余人であった。

❖陽明没後の流伝

ところで陽明は病気を理由に両広巡撫の辞任を願い出た時、親しい友人の林富《りんぷう》を後任に推薦していた。そこで朝廷では嘉靖八年正月林富を両広巡撫に任じたが陽明に対しては朝命を俟《ま》たずに任を離れたという点で、物議をかもすことになった。さらに陽明の学術・事功にも問題があるという意見が出て、ついに宸濠の乱の平定や、思田の討伐には功があるが、その学術は先儒朱子の論をそしり、邪説をとなえ、門徒を集めて相倡和《しょうわ》し、伝習転訛《てんか》して背謬《はいびょう》日々にはなはだしいのは罪であるとして、爵位の世襲を停止し、一切の追賞を行わず、偽学の禁令がくだされたのである。

この意見を主張した黒幕は、かねて陽明を快く思わなかった吏部尚書桂萼《けいがく》であった。そして彼はさらに陽明の学問に対して禁令をいよいよきびしくしていった。しかし陽明の学問はその後天下に普及して、この学に従う者が多く、各地に書院を建て、陽明をまつり、同志の会を催した。嘉靖一一年方献夫らが京師に会した時、黄綰、欧陽徳ら四十余人が集まった。さらに翌年欧陽徳は南畿に同志を集め、嘉靖一三年鄒守益《すうしゅえき》は安福に復古書院を建て、李遂《りすい》は衢麓《くろく》に講舎を建てて陽明をまつった。また同年貴陽でも王公祠《おうこうし》が建てられ、講学が行われた。その他嘉靖

徐階

一八年（一五三九）江西提学副使徐階《じょかい》が南昌に仰止祠《ぎょうしし》を建て陽明をまつり、江西の陽明学発展に大きな力となった。あるいは浙江永康県の西北寿岩に鷹原忠《おうげんちゅう》が書院を建て、范半野《はんはんや》は浙江青田県に混元《こんげん》書院を建てた。また湖南辰州の虎渓《こけい》精舎、江西万安県の雲興《うんこう》書院、広東韶《しょう》州の明経《めいけい》書院、江蘇溧陽《りつよう》県の嘉義書院、安徽涇県の水西書院、安徽宣城の志学書院など、各地に書院が建てられたのである。

こうして陽明学が天下に流伝し、その流れをくむ者が歳月

ともに上下の官にもひろがってくると、中央の高官にも陽明学的立場を表明する者が出てきた。嘉靖末の大学士徐階は王陽明の伝記を撰し、大学士李春芳《りしゅんほう》は陽明の祠に碑記を書いた。このような風潮を背景に嘉靖四二年（一五六三）年譜が完成され、四五年、『陽明文録続編』ができたが、穆宗《ぼくそう》朝になると、礼科都給事中辛自修《しんじしゅう》や河南道監察御史王好問《おうこうもん》などが上疏し、隆慶元年（一五六七）五月ようやく王陽明に新建侯が追贈されるようになって、陽明の名誉が回復されたのである。さらに翌二年六月、陽明の嗣子正億が伯爵を継ぐことが許され、歳々禄米千石を支給されることになったが、一方給事中趙軏《ちょうこう》や御史周弘祖《しゅうこうそ》が薛瑄《せっせん》を孔子廟に従祠する意見を出すのと併行して、御史耿定向《こうていこう》は王陽明をも従祠すべきことを上奏した。こうして陽明が薛瑄・陳献章らとともに、聖学の真伝を伝えたものとして、孔子廟にまつるべしという意見が高まり、神宗の万暦一二年（一五八四）、ついに孔子廟に従祀されることになったのである。

❖明代家訓と陽明

ところで陽明に止揚された心学的意識は、必ずしも陽明及びその門弟にのみ専有された意識ではない。やはりその時代の思潮の中にも拡大されているのである。陽明はいう、「聖人の学は心学にあり」、「心は一心であり、理も一理、この心、この理、実に二あるべからず」、「人みなこの心あり、心みなこの理を具う、心は即ち理である」と。しかして「身の主宰はすなわちこれ心である」、「聖人の聖人たる所以は、ただその心の天理に純にして、人欲なきをもってなれば、すなわち私の聖人たらんと欲するも、またただこの心の天理に純にして、人欲なきにあるのみ」と。すなわち何人も、学んで人欲を去り、心が純粋に天理になりさえすれば、聖人たりうる。その心こそ身の主宰であるというのである。

このような心を主張する態度は、嘉靖以来の家訓にも見える。嘉靖三四年（一五五五）、時の権力者厳嵩《げんすう》に抵抗して非業の最期をとげた楊継盛《ようけいせい》が、その二子應尾《おうび》、應箕《おうき》に書き残した遺嘱に「心は人の一身の主である。樹の根の如く、果実の蔕《へた》の如く、最も先に心を壊《やぶ》るべからず。心にもし天理を存し、公道が存するならば、則ち事を行えばすべて好事であり、君子とはこのような人である。心にもし人欲を存じ私意を持つならば、好事を行わんとしても、結局しめくくりがなく、外面をつくろい人に好かれんとしても、人に看破される」といった。また明代の一条鞭法《いちじょうべんぽう》の遂行に努力した龐尚鵬《ほうしょうほう》が、隆慶五年（一五七二）につくった『龐氏家訓』には、「凡そ人たるもの心地あり。心地よければ是れ良士、心地悪ければ是れ凶類なり。たとえば樹果の如く、心は蔕なり。もし蔕が壊れば果は必ずおつ」といっている。

あるいは陽明と親しかった霍韜《かくとう》は、彼の家訓に「童蒙《どうもう》は養心をもって本となす。心正しければ則ち聡明なり。故によくその心を正せば、愚なりといえども必ず明となり、塞ぐといえども必ず聡となる。心を正す能わずんば、明なりといえども必ず愚となり、聡なりといえども必ず塞ぐ。正心の極に聡明至り、士にして賢、賢にして聖、もともと下愚なりといえどもまた善士となる。故に養心は必要なり」といい、さらに「童子の良知、未だ失われず、最も教導しやすし、これ行仁の端なり」、「正性を養存し、人欲を遏《さえぎ》り、天理の基を拡む」という意識には陽明と通ずるものがある。

さらに銭暁《せんぎょう》が訂した『庭幃雑録《ていいざつろく》』には、宋儒と陽明を比較して、「宋儒は人に教うるにもっぱら読書を以って学となす。その失たるや俗なり。近世王陽明はことごとく宋儒の陋僻《へいへき》を一掃し、人に教うるにもっぱら言語文字のそとに求む。その失たるや虚なり。孔門またかつて読書を以って学となす。ただすべからく本領の工夫を知り得て、はじめてあやまらざるのみ。孟子曰く、学問の道は他なし。その放心を求むるのみ。放心を求むること、これ本領なり。学問はこれ枝葉なり」と。この放心を本領の工夫となす立場は、実は陸王における工夫であった。

このように明代嘉靖ごろより、家訓の類の中には心を説く意識がつよく見られるようになり、宋から元、あるいは明初ごろの家訓とは大きな相違がある。すなわち宋以来の朱子学的道徳意識は、明代中頃より心学的意識、いいかえれば陸王学的意識に変わってきたことが、これらの家訓からも十分に知られるのである。

❖陽明と善悪

陽明はその代表作『大学問』でつぎのようにいう。「いわゆる身を修めるとは、善をなし悪を去ることで、身即ち形体が善をなし、悪を去るためには、心即ち形体の主宰者がまず善をなし悪を去ることを欲しなければならない。そこで大学ではその身を修めんと欲する者は、まずその心を正しくするといっている。次に心の本体は性で、性には不正がないから、これを正す方法もない筈であるが、意念が発動すれば、正しからぬことも起こってくる。そこで心を正すためには、直接心を正そうとせずに、意念の発動する所について之を正す。即ち一善念が起これば、これを好むこと好色を好むが如く、一悪念が起これば、これを憎むこと悪臭を憎むが如くすることによって意が誠になり、自然心も正しくなる。故にその心を正しくせんと欲するものは、まずその意を誠にする」と。これが陽明の初一念の善悪に関する意識であり、彼の作った『南贛郷約』にも、「爾等《なんじら》父母子弟、新民の旧悪を念《おも》って、その善をともにせざることなかれ。彼の一念にして善なれば、即ち善人なり。自ら良民たるをたのんで、その身を修めざることなかれ。爾の一念にして悪なれば、即ち悪人なり。人の善悪は一念の間に係る」といい、陽明の初一念の善悪をとく語が、彼の地方教化の基本原理であり、それはまさに大学より発展拡充された彼の究極の意識であったといえるであろう。

そしてこの陽明の意識はその後につくられた郷約の一つ『蔚村三約《うつそん》』にもそのまま受け入れられる。「如何なるか、これ善となすや。大抵人たるもの只善人と悪人の両路あり。然して只、はじめの初一念にあり。一念にして善なれば、為す所善ならざるはなく、ひたすら善人となし、一念にして悪なれば、為す所悪ならざるはなく、ひたすら悪人となす」といっている。さらに先に挙げた楊継盛の遺嘱を見よう。「心は思を以って職となす。或は独坐する時、或は深夜の時、念頭一たび起これば、則ち自ら思いて曰く、これ好念なりや悪念なりやと。もし好念ならば、すなわち拡充し来って、必ず行に現わす。もし悪念ならば、すなわち禁止して思うなかれ。まさに一事を行わんとして、則ち之を思う。此事天理に合するや合せざるや。もし天理に合せざれば、すなわち止めて行うなかれ。もし天理に合せば、すなわち行え。分毫《ぶんごう》も心に違い、理を害《そこな》うことをなすべからず」と。これらは村の庶民に教化し、またわが子弟に教訓するという形のもので、特に講学の中に論じられたものでないが、それだけに当時の陽明心学的意識の流伝の実際が把握され、大学の至善を背景にした善悪に対する考え方がよく示されているのである。

❖ 陽明学の伝播

陽明の没後、陽明の学は一世を風靡《ふうび》したが、黄宗義の『明儒学案』にはその学派をいくつかに分類して、詳細にそれぞれの流伝を論じている。その中で、「姚江（王陽明）の学は、江右のみが正統を伝えた。東廓《とうかく》（鄒守益《すうしゅえき》）、念庵《ねんあん》（羅洪先《らこうせん》）、両峰《りょうほう》（劉文敏《りゅうぶんびん》）、雙江《そうこう》（聶豹《じょうひょう》）などがその俊秀である。再伝して塘南《とうなん》（王時槐《おうじかい》）、思黙《しもく》（萬廷言《ばんていげん》）となり、いずれも陽明が十分に述べ尽きなかった趣旨を、根源にさかのぼって説いた。このとき越中（浙江省）では弊害が続出し、師の説を楯にとって学者たちの口をふさいだが、江右のみはよくこれを打ち破り、陽明の道はその力によって堕落を免れた。陽明一生の精神はすべて江右に存する」といい、江右学派を推賞する。また一方では「陽明先生の学は泰州（王艮）、龍渓（王畿）が出たことによって天下に盛行し、また泰州・龍渓によってようやくその伝を失うようになった」といって泰州学派を高く評価する。また陽明門下のうち鄒守益・欧陽徳・銭徳洪を正統派というならば、王畿や王艮、さらに何心隠《かしんいん》・李卓吾《りたくご》・羅汝芳《らじょうほう》・周海門《しゅうかいもん》などは王学の左派ということができるであろう。

岡田武彦博士は正統派、左派の二つの分類に対し、右派として聶豹・羅洪先・劉文敏・王時槐を充て、三つのグループに分類されており、さらに左派を現成派、右派を帰寂《きじゃく》派、正統派を修証派と称しておられるが、いずれにしても、これらの陽明門下の末流のうち、左派とくに泰州学派において陽明学はめざましい活動を示した。すなわち「心学の横流《おうりゅう》」ともいわれるように、世の規範をのりこえて心の極奥を追求していった。しかしこれらの学派について詳細に触れることは、もはや紙幅の余裕もなくなったので、ここでは割愛することにしよう。

あとがき

朱子と王陽明は、中国儒学史上の二大巨星であり、宋学を朱子学、明学を陽明学とそれぞれその名を冠して呼ばれるほどの存在である。したがってこの二人を論じようとすれば、当然儒学思想の立場から離れては彼らを説明することはできない。しかし朱子や陽明の儒学思想を中心に彼らを叙述することになると、それはいわゆる朱子学・陽明学を論ずることになり、人と歴史の接点を求めようとする本書の目的には合わず、またそれについてはすでに多くの先人の論著も出ていることでもあるから、今更くどくどと論議を展開することもないであろう。

そこで本書では生きた人間としての朱子や陽明を頭において、彼らが中国儒学史の中でどのような存在であったかということを考えてみようと思った。それにはまず第一に朱子や陽明を生んだ宋代以後の新儒学とは如何なるものであったろうか。それはにわかに宋代になって出現してきたものだろうかということが問題となる。その点を検討してみると、新儒学形成の基盤は古く唐代にさかのぼり、安史の乱ごろを契機とする社会変革の嵐の中に醸成されてきたもので、陸淳らの春秋批判もその傾向を示す一つの事例であったことがわかる。さらに一般に韓愈の原道をもって宋学の先駆と理解されているが、本書では韓愈と同時代で、また文は韓柳と並び称せられた柳宗元にスポットをあてて、八、九世紀における彼の姿勢の中に、新儒学の胎動がすでに大きく波うっていることを論究してみたのである。そしてその潮流は宋代にはいり、時代の社会思潮として、宋代の政治・社会の流れと相まって高まり、道学を形成するに至ったことを知るであろう。

第二にとりあげた点は、はじめに挙げたように、朱子や陽明における人間としての活動を考察することであった。朱子にしても陽明にしても、いわば一般的官僚の子弟であり、何ら特別の範疇に属する出身ではない。彼らの時代にあっては、誰もが目指す道はまず科挙に登第することである。朱子も陽明も同じく科挙を受け、登第すると官僚へのスタートをきったが、それからの道は必ずしも同様ではなかった。朱子は一九歳の若さで進士に及第し、二四歳で官途に就いたけれども、その後はもっぱら奉祠の官に終始し、再び官僚の実務に就いたのは五〇歳に近い頃であった。また後に中央官界に迎えられ、熱誠こめて職責につとめたが、反対者の謀略に阻まれて追放を受け、ついにはきびしい偽学の禁令の中にこの世を去っていった。すなわち官界における彼の生涯は、決して恵まれたものとは言えず、かえって苦悩に満ちた時を多く過したのである。

王陽明においても、決して恵まれた生涯とは言えないであろう。郷試には早くパスしたけれども、進士になるまでに再度落第の浮目に遭い、ようやく登第して官途に就いたが、数年の後には劉瑾の迫害を受けて貴州省龍場駅に流され、途中生命の危険にまでもさらされたのである。そのうえすでに彼の肉体は、宿痾《しゅくあ》となった肺疾にむしばまれ始めていたのである。その後中央政界に帰り咲き、また南京諸官職をへて、巡撫総督の任につき、寧王宸濠の乱を平定して新建伯に封ぜられ、まことに栄誉の道を驀進しているようであったが、一方彼を快く思わぬ人々によるいやがらせも少なからず存在したのである。それはつづいて命ぜられた思田の乱の討伐にも現われてきたが、その平定に成功した陽明も、わが身の疾患には勝てず、郷里への途中にこの世を去っていったのである。しかも陽明に反対する勢力の策謀によって、彼に何の恩典も与えられず、かえって新建伯の世襲すら停止され、その学説をも偽学の名の下に厳しい弾圧が加えられたのである。

朱子や陽明の学問は、こうした生涯の営みの中に形成された。朱子は官僚としての不遇な生活の中に、かえって自己の学問を深化させた。陽明は戦陣倉惶の中に自己の学問を展開させていった。朱子にとっても陽明にとっても、その学説の主張は決して安易な道ではなかった訳で、彼らに対する風当たりの激しさは、その生涯を通じて吹き荒れていたものであり、死去する前と死没の後という相違はあっても、いずれも一度は偽学のレッテルがはりつけられるほどの苦難の中に、その学問が弟子たちに継承されて、朱子学となり陽明学となって発展していったものであることを認識しなければならないであろう。

ところで朱子と陽明とを結びつける紐帯は何か。それはいろいろと考えられるであろうが、私はとくに朱子が四書の中の究極のものと指摘した大学をとりあげたい。これが第三の課題である。朱子が侍講として寧宗に進講したテキストは大学である。また朱子が死去する直前まで大学の補註に精力を傾けていたことは、すでに本文中に述べた通りである。朱子はこの大学に示された格物致知より治国平天下に至る八条目を、教育の理念であるとともに政治の要諦とも考えたのである。ところでもともと大学は、中庸とともに礼記の一篇であったが、唐代の韓愈がすでに大学の八条目を典拠としてその説を展開しており、大学は新儒学の基盤の形成期からその太い柱として重要な位置を占めていたのである。そして宋代になると独立して刊行され、朱子に至っては四書の一として新儒学に位置づけられるまでになったのである。その後、真徳秀の『大学衍義』が出て、いよいよ帝王の書に昇華し、明代になって丘濬の『大学衍義補』にと展開されたが、王陽明が現われると、朱子の『大学章句』に対して、『古本大学』という新しい大学観が天下に表明されたのである。

朱子と陽明の大学に対する見解は、明らかにことなる点がある。それは本文中に叙述した通りであり、その相違はまた朱子と陽明の依って立つ立場の相違でもあり、朱子学と陽明学の相違ともなるであろうが、しかしその相違の背後に、二人が生涯をかけて大学の探求に注いだ、いずれおとらぬ情熱のたぎりを私は強く感ずるのである。そこに時代はちがっても、朱子と陽明とを結びつける紐帯としての大学の意義が生きてくるのである。

本書の構想は、かつて島根大学で行った集中講義が基本になっており、帰り道に立ち寄った鳥取砂丘で、はるか雁道から打ちよせる波濤をながめて、いよいよ本書の草案が固まったものである。いま稿の成るに当たって、当時暖かく迎えて下さった同大学の小野寺郁夫先生をはじめ諸先生のお姿が、無言の激励であったことを嬉しく思うのである。また清水書院の徳永隆氏には、最後まで辛抱づよくつき合って下さって、惜しみない御協力を賜わった。いま改めて感謝の意を表したい。

朱子・王陽明年譜

（朱子・陽明の下の数字は年齢を示す）

西暦	年号	年譜	参考事項
七五五	天宝一四	11月、安禄山、幽州でそむき、洛陽に侵入。	
七五六	一五	安禄山、大燕皇帝を称す。玄宗、長安をのがれ、蜀に向かう。楊貴妃・楊国忠殺さる。粛宗霊武で即位。	
七五七	至徳　二	安禄山、その子慶緒に殺さる。	橘諸兄没す。
七五八	乾元　元	史思明叛す。	
七五九	二	史思明、安慶緒を殺し、幽州で大燕皇帝を称す。	
七六一	上元　二	史思明、その子朝義に殺さる。	
七六三	宝応　二	史朝義滅び、安史の乱平定。	鑑真没す。
七七〇	大暦　五	杜甫没す（七一二―）。	
七八〇	建中　元	1月、宰相楊炎両税法を立案施行。	
七八五	貞元　元	8月、顔真卿、李希烈のために蔡州龍興寺で殺さる。	七九四、平安京に遷都。
八〇五	永貞　元	徳宗没し、順宗即位。8月、順宗退位し、憲宗に譲位。二王事件。	八〇四、最澄・空海、入唐。
八一九	元和一四	韓愈、論仏骨表を奉呈し、貶せらる。柳宗元没す（七七三―）。	
八二四	長慶　四	牛李の争い激化。	八三八、円仁、入唐。
八七五	乾符　二	黄巣、王仙芝に応じ、乱を起こす。	八五三、円珍、入唐。

八八〇	広明　元	黄巣、長安にはいる。	
八八四	中和　四	黄巣の乱平定。	
九〇七	開平　元	朱全忠、後梁を建国。唐、滅亡。	
九六〇	建隆　元	趙匡胤、宋を建国。	九六二、オットー、神聖ローマ皇帝となる。
九七五	開宝　八	初めて、殿試を行う。	
九七九	太平興国四	北漢滅亡し、宋の統一成る。	
九九二	淳化　三	趙普没す（九二二—）。	
一〇〇四	景徳　元	宋遼の和議（澶淵の盟）。	
四四	慶暦　四	宋と西夏、講和条約結ぶ。	一〇一九、刀伊の入寇。
四五	五	石介没す（一〇〇五—）。	
五二	皇祐　四	范仲淹没す（九八九—）。	
五七	嘉祐　二	孫復没す（九九二—）。	
五九	四	胡瑗没す（九九三—）。	
六〇	五	欧陽脩、『新唐書』を完成。	
六九	熙寧　二	王安石、新法を始む。三司条例司を置く。均輸法・青苗法を行う。張載、崇文院校書となる。	
七〇	三	保甲法・募役法を行う。	一〇七一、成尋、入宋。
七二	五	市易法・保馬法を行う。方田均税法を行う。欧陽脩没す（一〇〇七—）。	
七三	六	周敦頤没す（一〇一七—）。	

一〇七五	熙寧 八	韓琦没す（一〇〇八―）。	
七六	九	王安石失脚し、金陵に隠退。	
七七	一〇	張載没す（一〇二〇―）。	
八四	元豊 七	司馬光『資治通鑑』をたてまつる。	
八五	八	司馬光、中央に帰り、新法をやむ。程顥没す（一〇三二―）。	
八六	元祐 元	王安石没す（一〇二一―）。司馬光没す（一〇一九―）。	
九八	元符 元	范祖禹没す（一〇四一―）。	
一一〇一	建中靖国元	蘇軾没す（一〇三六―）。	
〇二	崇寧 元	蔡京、相となる。新旧の党争激化。	
〇七	大観 元	程頤没す（一〇三三―）。	
一五	政和 五	女真の阿骨打即位し、金を建国。	
二五	宣和 七	1月、遼、金に滅ぼさる。	
二六	靖康 元	金、北宋を攻め、開封陥落。徽宗・欽宗ら捕わる（靖康の変）。	藤原清衡、中尊寺を建つ。
二七	建炎 元	高宗、応天府で即位し、南遷。	
二九	三	高宗、杭州に移り、杭州を臨安府とする。	
三〇	四	朱子(1)生まる。岳飛、金軍を破る。秦桧、金より帰る。	
四一	紹興一一	宋・金の和議成立。岳飛没す。	
四三	一三	朱子(14)の父朱松没す。	

一一四八	紹興一八	朱子(19)、進士に及第。	
五三	二三	朱子(24)、同安県主簿として赴任、李侗の教えを受く。同安県諭学者、諭諸生、諭諸職事を示す。	
五五	二五	秦桧没す（一〇九〇―）。	一一五六、保元の乱。
五八	二八	朱子(29)、潭州南嶽廟を主管。	
五九	二九	朱子(30)、謝上蔡記録を編校。	平治の乱。
六一	三一	金の海陵王、南宋へ侵入し、采石磯で敗れ殺さる。	
六二	三二	高宗、孝宗に譲位。孝宗、詔を下し直言を求む。朱子(33)、壬午応詔封事をたてまつる。	
六三	隆興　元	朱子(34)、癸未垂拱殿奏劄をたてまつる。『論語要義』『論語訓蒙口義』成る。	
六五	乾道　元	宋・金の和議成立。	
六八	四	朱子(39)、『二程全書』を編す。	
六九	五	朱子(40)、母を失う。	
七二	八	朱子(43)、『論孟精義』『通鑑綱目』『八朝名臣言行録』『西銘解義』成る。	
七三	九	朱子(44)、『太極図説解』『通書解』『伊洛淵源録』などをつくる。	
七四	淳熙　元	朱子(45)、台州崇道観の主管の任を受く。	
七五	二	朱子(46)、呂東莱とともに『近思録』を編す。陸九淵と鵝湖で会談。	

一一七六	淳熙 三	朱子⑷⑺、武夷山冲祐観主管となる。	
七七	四	朱子⑷⑻、『論孟集註』及び或問をつくる。	
七九	六	朱子(43)、江西南康軍の知となり赴任、白鹿洞書院掲示をつくる。	
八〇	七	朱子(51)、庚子応詔封事をたてまつる。『論孟精義』を更定し、『要義』と改む。	
八一	八	朱子(52)、提挙江西常平茶塩公事に任ぜらる。朱子の社倉法聴許せられ、各地に波及。	
八三	一〇	朱子(54)、台州崇道観主管となる。武夷精舎をつくる。	
八五	一二	朱子(56)、華州雲台観主管に遷る。	平氏滅亡。
八六	一三	朱子(57)、『易学啓蒙』『孝経刊誤』をつくる。	
八七	一四	朱子(58)、南京鴻慶宮主管に遷る。『小学章句』成る。秘閣修撰に除せらる。	
八八	一五	朱子(59)、江南西路刑獄公事の任に赴く。戊申延和殿奏箚をたてまつる。再び、戊申封事をたてまつる。	
八九	一六	朱子(60)、『大学章句』及び或問をつくる。	源義経、衣川で没す。
九〇	紹熙 元	朱子(61)、知漳州となる。	
九一	二	朱子(62)、南京鴻慶宮主管となる。	栄西、宋より帰国。
九二	三	陸九淵没す（一一三九—）。	源頼朝、鎌倉に幕府開く。

一一九四	紹熙 五	朱子(65)、潭州荊湖南路安撫使として潭州に赴任。光宗にかわって寧宗即位。趙汝愚、相となる。朱子、煥章閣待制兼侍講に抜擢せらる。朱子、韓侂冑らと合わず、四五日で免官。玉山講義成る。	
九六	慶元 二	朱子(67)に奪職の命下る。	
九七	三	12月、偽学の禁起こる。	
九九	五	朱子(70)致仕。『楚辞集註』『後語辨証』できる。真徳秀、進士に及第。	源頼朝没す。
一二〇〇	六	朱子(71)、3・9没す。	
〇二	嘉泰 二	偽学の禁ややゆるむ。	北条時政、執権となる。
〇六	開禧 二	宋・金の戦いに韓侂冑敗る。ジンギス=カン、モンゴル族を統一。	
〇八	嘉定 元	朱子に文公の謚を賜う。真徳秀、大学博士となる。	一二一五、栄西没す。
二七	宝慶 三	朱子に太師の号及び信国公、贈らる。	一二一九、源実朝殺され、源氏滅亡。
二九	紹定 二	真徳秀、『大学衍義』をつくる。	
三四	端平 元	真徳秀、戸部尚書となり、『大学衍義』を上進。	
三五	二	真徳秀没す（一一七八―）。	
六〇	景定 元	フビライ（世祖）、即位。	一二七四、文永の役。
七一	咸淳 七	モンゴル、国号を元と称す。	一二七五、マルコ=ポーロ世祖に謁す。
一三一七	延祐 四	『大学衍義』のモンゴル語訳を仁宗に上進。	
五一	至正一一	紅巾の乱起こる。	一二八一、弘安の役。

一三六八	洪武 元	朱元璋、即位し、明を建国。	
八〇	一三	胡惟庸の獄起こる。	
九九	建文 元	靖難の変起こる。	一三九七、足利義満、金閣を造営。
一四〇三	永楽 元	成祖即位。	
一五	一三	四書五経性理大全成る。	
四九	正統一四	オイラートのエセン、明に入寇し、英宗を捕う（土木の変）。	
六四	天順 八	薛瑄没す（一三九二—）。	一四五七、太田道灌、江戸城を築く。
六九	成化 五	呉与弼没す（一三九一—）。	
七二	八	王陽明(1)、浙江省紹興府余姚県に生まる。	
八〇	一六	周洪謨、『弁疑録』を上進。	一四八三、足利義政、銀閣を創建。
八七	二三	丘濬、『大学衍義補』を上進。	
八八	弘治 元	陽明(17)、南昌で諸養和の女と結婚。	一四八六、バーソロミュー=ディアズ、喜望峰発見。
八九	二	陽明(18)、婁諒を訪ね、教えを乞う。	
九二	五	陽明(21)、浙江の郷試に挙げらる。	
九五	八	丘濬没す（一四二〇—）。	
九九	一二	陽明(28)、会試に登第。	一四九八、ヴァスコ=ダ=ガマ、インドに上陸。
一五〇〇	弘治一三	陽明(29)、刑部雲南清吏司主事となる。陳献章没す（一四二八—）。	

○四	一七	陽明(33)、兵部武選清吏司主事となる。	
○五	一八	陽明(34)、北京で門人の入門を許す。湛甘泉と交わる。孝宗没し、武宗即位。	コロンブス没す。雪舟没す。
○六	正徳元	陽明(35)、上疏して戴銑らを救わんとし、劉瑾の怒りにふれ、貴州龍場駅丞に謫せらる。	
○八	三	陽明(37)、龍場に着く。格物致知の義をさとり、『五経臆説』を著わす。	
○九	四	陽明(38)、初めて知行合一の説を唱える。	
一○	五	陽明(39)、江西盧陵県知県となり、3月赴任。安化王寘鐇叛す。劉瑾失脚。12月、南京刑部四川清吏司主事に昇任。	朝鮮に三浦の乱起こる。
一一	六	陽明(40)、吏部験封清吏司主事、吏部文選清吏司員外郎を歴任。	大内義興、了庵桂悟を明に遣わす。
一二	七	陽明(41)、吏部考功清吏司郎中、南京太僕寺少卿に昇任。	
一四	九	陽明(43)、南京鴻臚寺卿に昇任。	
一五	一○	陽明(44)、再従子正憲を後嗣とす。『朱子晩年定論』を編集。	
一六	一一	陽明(45)、9月、都察院右吏都御僉に任ぜられ、南贛汀漳巡撫となる。	
一七	一二	陽明(46)、1月贛州に赴任し、十家牌法を施行。9月、南贛汀漳の軍務を提督。10月、横水・桶岡の賊を平定。	

一五一八	正徳一三	陽明(47)、都察院右副都御史に昇任。7月、『古本大学』『朱子晩年定論』を刊行。門人薛侃ら、初刻『伝習録』刊行。南贛郷約を施行。	
一九	一四	6月、寧王宸濠叛す。7月、陽明(48)、宸濠の乱を平定、宸濠を虜とする。	レオナルド=ダ=ヴィンチ没す。
二〇	一五	陽明(49)、この頃致良知の説を唱える。	
二一	一六	3月、武宗没し、世宗即位。大礼の議起こる。6月、陽明(50)、南京兵部尚書に昇任。銭徳洪、入門。12月、武功により新建伯に封ぜらる。	
二二	嘉靖元	陽明(51)の父王華没す（七七歳）。	
二三	二	陽明(52)のもとに王畿、入門。	
二四	三	陽明(53)、門人たちと天泉橋畔で仲秋の月を見る。	
二五	四	陽明(54)、夫人没す。張氏を継室とする。	
二六	五	陽明(55)、実子正億生まる。	バブル、ムガール帝国を建国。
二七	六	陽明(56)の門人鄒守益『王陽明文録』を刊行。5月、都察院左都御史となり、思田の賊の討伐を命ぜらる。12月、両広巡撫を兼任。	
二八	七	陽明(57)、思田の賊を平定。7月、八寨、断藤峡の賊を平定。10月、持病の肺患が悪化。上疏して休暇を乞う。郷里への帰途、11・29、江西省南安府南康県青龍舗で没す。	
二九	八	偽学（陽明学）の禁下る。	

一五三五	嘉靖一四	門人銭徳洪、『王陽明文録』を刊行。	一五四三、ポルトガル人、種子島に鉄砲を伝える。
五五	三四	楊継盛、厳嵩に抵抗し殺さる。	
五六	三五	銭徳洪、『伝習続録』を刊行。	一五五二、ザビエル、上川島で没す。
六六	四五	『王陽明文録続編』刊行。	
六七	隆慶　元	5月、詔により、陽明に新建侯を贈り、文成と諡す。	
六八	二	6月、嗣子正億、新建伯を襲爵。	
七二	六	『王文成公全書』刊行。	一五七三、室町幕府滅亡。
八四	万暦一二	詔して陽明を孔子廟に従祠。	一五九〇、豊臣秀吉の天下統一成る。
一六四四	崇禎一七	李自成に攻められ、明滅亡。	

参考文献

『宋明時代儒学思想の研究』　楠本正継著　広池学園出版部　昭37
『東洋と西洋』　コンラド著　大沢正他訳　理論社　昭44
『中国中世史研究』　同研究会編　東海大学出版会　昭45
『儒教と道教』　ウェーバー著　木全徳雄訳　創文社　昭46
『支那史学史』　内藤虎次郎著　弘文堂　昭24
『易と中庸の研究』　武内義雄著　岩波書店　昭18
『科挙』　宮崎市定著　秋田屋　昭21
『科挙』　宮崎市定著　中央公論社　昭38
『中国の思想家』　東大中国哲学研究室編　勁草書房　昭38
『講座東洋思想二　中国思想』　宇野精一他編　東京大学出版会　昭42
『中国文化叢書三　思想史』　赤塚忠他編　大修館書店　昭42
『支那地方自治発達史』　和田清編　中華民国法制研究会　昭14
『東洋的社会倫理の性格』　竹内好他編　白日書院　昭23
『学制を中心とせる支那教育史』　周予同著　山本正一訳　東京開成館　昭18
『東洋の歴史（第三～八巻）』　人物往来社

『朱子研究』　秋月胤継著　京文社　昭2
『朱子』　後藤俊瑞著　日本評論社　昭18
『朱子学と陽明学』　島田虔次著　岩波書店　昭42
『朱子・陽明』　武内義雄著　岩波書店　昭11
『陸象山』　高瀬武次郎著　内外印刷　大13
『大学研究』　台湾中華書局　昭47
『陽明学大系　第一巻陽明学入門』　明徳出版社　昭46
『　同　　第二巻王陽明　上』　〃　昭47
『　同　　第三巻王陽明　下』　〃　昭47
『王陽明』　山本正一著　中文館　昭18
『王陽明詳伝』　高瀬武次郎著　広文堂　大4
『王陽明』　保田清著　弘文堂　昭17
『王陽明』　谷光隆著　人物往来社　昭42
『王陽明と明末の儒学』　岡田武彦著　明徳出版社　昭45
『王陽明文集』　岡田武彦著　〃　昭45

なお、本文中の図版については、「図説世界文化史大系」及び「世界史大系」の中国史関係部分、「故宮図像選萃」・「故宮法書選萃」などによった。

さくいん

新《しん》・人《ひと》と歴史《れきし》　拡大版《かくだいばん》　24

朱子《しゅし》と王陽明《おうようめい》　新儒学《しんじゅがく》と大学《だいがく》の理念《りねん》

定価はカバーに表示

2018年4月20日　　初　版　第1刷発行

著　者　間野《まの》　潜龍《せんりゅう》
発行者　野村　久一郎
印刷所　法規書籍印刷株式会社
発行所　株式会社　**清水書院**
〒102−0072
東京都千代田区飯田橋3−11−6
電話　03−5213−7151㈹
FAX　03−5213−7160
http://www.shimizushoin.co.jp

カバー・本文基本デザイン／ペニーレイン　　DTP／株式会社 新後閑
乱丁・落丁本はお取り替えします。　ISBN978−4−389−44124−1